政策解读 | 模式选择
运营管理 | 产品设计

博物馆文创产品项目运营指南

Museum
Cultural and Creative Products Program
Operation Guideline

王业鑫 著

学苑出版社

图书在版编目（CIP）数据

博物馆文创产品项目运营指南 / 王业鑫著. -- 北京：学苑出版社，2025.8. -- ISBN 978-7-5077-7259-3

Ⅰ. G269.23-62

中国国家版本馆 CIP 数据核字第 2025V50W04 号

出 版 人：洪文雄
责任编辑：杨　雷
出版发行：学苑出版社
社　　址：北京市丰台区南方庄 2 号院 1 号楼
邮政编码：100079
网　　址：www.book001.com
电子邮箱：xueyuanpress@163.com
联系电话：010-67601101（营销部）、010-67603091（总编室）
印 刷 厂：廊坊市印艺阁数字科技有限公司
开本尺寸：710 mm × 1000 mm　1/16
印　　张：18
字　　数：230 千字
版　　次：2025 年 8 月第 1 版
印　　次：2025 年 8 月第 1 次印刷
定　　价：80.00 元

序

  博物馆作为公共文化服务机构的重要组成部分，在文化强国建设中扮演着重要角色。党的十八大以来，博物馆热现象持续升温，从文化圈层话题演变为全民参与的文化浪潮，走进博物馆已经成为一种生活方式、时尚潮流。究其本质，是中华民族在现代化进程中一次集体性的文化寻根。文化创意产品作为博物馆文化的一种延伸和传播载体，不仅仅是物质形态的商品，更是文化的载体和媒介。

  当前，博物馆文创产业日渐呈现出多元化、创新化的发展态势。各地博物馆深入挖掘自身馆藏资源的独特价值，将地方文化元素与创意设计理念相融合，打造出具有鲜明地域特色的文创品牌，展现出中华文化的丰富多样性。"一馆一品"的特色文创产品不断涌现，从精美的故宫口红到趣味十足的文物盲盒，再到凤冠冰箱贴一跃成为博物馆文创领域的"顶流"，无论是实体文创还是数字虚拟文创，这些现象呈现出"小产品、大产业、大传播"的重要特征。

  从产业参与角度来看，越来越多的企业、个人设计师等社会力量的广泛参与，更是为这一领域带来了新的思路与活力，推动了文创产品的质量提升与创新发展。一批批精美的博物馆文创产品通过创新设计和巧妙构思，将博物馆中深厚的文化内涵转化为人们日常生活中可触摸、可使用、可欣赏的物品，引领着大众文化消费的潮流。正因如此，当前开发运营成为博物馆文创产品实现双效统一的关键要素。在看到很多"爆款"产品的同时，我们也应该注意到，博物馆文创产业的发展并非一帆风顺。文创产品的同质化现象较严重，部分产品文化内涵挖掘不深，存在设计跟风、缺乏创新的问题；文创产业人才短缺，既懂文化又懂设计、运营的复合型人才供不应求；知识产权保护力度不够，侵权行为时有发生，影响了文创企业和设计师的积极性……这些问题都是制约博物馆文创产业实现高质量发展的原因。

鉴于此，本书的出版发行恰逢其时。特别是在即将到来的数智时代，本书深入剖析博物馆文创产品项目运营的全流程，直击行业痛点与难点，为从业者提供了全面且实用的解决方案，是一本专业领域的"参考书"。此书的出版，凝聚了我的学生王业鑫对博物馆文创产业的深刻洞察与独到见解，也是他多年来在博物馆第一线摸爬滚打的智慧结晶。作为中国博物馆协会文创产品专业委员会的一员，能系统地将他在实际工作中的所知所感转化为对这一领域的规律性认识，实属不易。

我相信，本书将为博物馆文创产业的从业者、研究者以及爱好者提供参考与借鉴。同时，我真诚地希望本书能够得到广大读者的认可和支持，为推动博物馆文创产品项目运营的专业化、规范化发展发挥积极作用。我也期待更多的年轻人才关注并投身于这个富有创新性和文化意义的事业中来，共同为传承和弘扬中华优秀传统文化、推动文化产业繁荣发展贡献力量。

范　周

文化和旅游部文化和旅游研究基地首席专家

中国文化产业协会副会长

北京京和文旅发展研究院院长

2025年6月于北京

前言

党的十八大以来，在习近平总书记提出的"让收藏在博物馆里的文物、陈列在广阔大地上的遗产、书写在古籍里的文字都活起来"的指引下，我国博物馆文创产品迎来了前所未有的发展机遇。2016年5月，国务院办公厅印发《国务院办公厅转发文化部等部门关于推动文化文物单位文化创意产品开发若干意见的通知》（国办发〔2016〕36号），为我国博物馆文创产品项目运营及实践进行了顶层设计，指明了发展方向。此后，博物馆机构陆续发力，先后推出文创雪糕、考古盲盒、冰箱贴等"爆款"产品，在文创产品持续赋能下，助推博物馆从"活起来"到"火起来"。

博物馆成为城市的"文化会客厅"和旅游的"网红打卡地"，越来越多的学者专家关注到博物馆文创产品的细分领域，特别是由高等院校研究人员撰写的、聚焦博物馆文创产品设计开发相关的图书比比皆是，而在博物馆从事一线运营、研发、设计文创产品的研究人员却鲜有发声，我国文博行业内尚缺少一本融会政策解读、运行机制、开发设计、营销推广等文创产品项目运营全链条业务的学术著作。十多年来，我在推进博物馆文创产品研发设计之余，持续不断对博物馆文创产品项目运营体制机制开展调查研究，调研了故宫博物院、中国国家博物馆、首都博物馆、上海博物馆、陕西历史博物馆、河南博物院、中共一大会址纪念馆等数十家国内知名文博机构，积累了大量一手工作经验，特别是在

2020年起兼任中国博物馆协会文创产品专委会副秘书长以来，深感自己有责任将自己在博物馆文创产品项目运营、研发设计中产生的心得进行总结分享。

在实践端，虽然国家文旅部门对博物馆文创产品开发业务开展了大量工作，如制定指导政策、推出试点单位、拓展交流平台、加强业务培训等，但是由于博物馆文创产品项目运营存在特殊性，部分公益一类博物馆在文创产品项目运营时顾虑重重，因此探讨出一条博物馆文创产品项目运营可复制、易落地的工作路径，具有极强的现实指导意义。一件"爆款"博物馆文创产品的推出，不仅要具备深厚的文化底蕴、精美的设计形式、丰富的故事内容、泼天的话题流量，还要建立在科学、合理的博物馆文创产品项目运营体系基础上。因此，本书对博物馆文创产品的思考探讨，聚焦博物馆文创产品项目从运营到产品设计全业务流程：首先，宏观思辨博物馆文创产品项目运营政策机制；其次，中观研讨博物馆文创产品项目运营模式路径；最后，微观分析博物馆文创产品设计开发实践方法。

本书共分为五章。第一章着眼博物馆文创产品内涵，探讨文创产业视角下的文创产品，从博物馆文创产品的发展历程、基本概念、产品分类解读文创产品的基本内涵，把本书的研究客体——博物馆文创产品讲述清楚。第二章关注博物馆文创产品项目运营的政策解读，解读《国务院办公厅转发文化部等部门关于推动文化文物单位文化创意产品开发若干意见的通知》《关于印发〈关于进一步推动文化文物单位文化创意产品开发的若干措施〉的通知》及地方文创政策，并提出应对现有机制制约的破题之道。第三章聚焦博物馆推进文创产品项目运营组织，剖析各组织形式的优劣势并提出选择建议。第四章探讨博物馆文创产品的开发设计，从确定博物馆定位、打造博物馆文创品牌、开展文创产品设计、推动产品营销推广等各工作环节入手进行细致剖析。

第五章聚焦博物馆文创产品运营展望，认为文创产品的爆发式发展是博物馆文化传承的大势所趋，总结当前还存在的一些问题，并提出解决问题的路径。

希望这本《博物馆文创产品项目运营指南》，对博物馆文创政策制定者而言，能够提供借鉴参考，成为你的工作参考书；对博物馆文创运营者而言，能够与你回顾近十年来我国博物馆文创产品在经营模式上艰辛探索，分享在现有博物馆体制机制下，博物馆文创产品项目运营可采用的模式经验，成为你的实践工具书；对博物馆文创产品设计开发者而言，能够告诉你一些如何更好满足博物馆的研发需求，让笔下的设计方案顺利成为能在博物馆公开销售的文创产品，成为你的业务指导书；对喜好博物馆文创产品的社会公众而言，能够向你分享博物馆琳琅满目的文创产品是在何种平台和运营机制下生产出来的，成为你的知识科普书。

王业鑫

目录

第一章　博物馆文创产品内涵 / 001

第一节　文创产业与文创产品 / 003

第二节　博物馆文创产品发展概述 / 015

第三节　博物馆文创产品基本概念 / 029

第四节　博物馆文创产品分类 / 037

第二章　博物馆文创产品项目运营政策解读 / 043

第一节　博物馆文创产品项目运营实施困境 / 045

第二节　博物馆文创产品项目运营政策解析 / 048

第三节　博物馆文创产品项目运营政策建议 / 065

第四节　博物馆文创产品市场化运营的依据与意义 / 071

第三章　博物馆文创产品项目运营组织 / 081

第一节　博物馆文创产品项目运营方式 / 083

第二节　博物馆文创产品项目运营形式 / 090

第三节　博物馆文创产品授权 / 098

第四节　博物馆文创产品项目运营合作模式 / 105

第五节　博物馆文创产品项目运营保障 / 118

第四章　博物馆文创产品开发设计 / 131

第一节　博物馆类别与定位 / 133

第二节　博物馆文创品牌策划 / 139

第三节　博物馆文创产品开发 / 146

第四节　博物馆文创产品开发设计的难点与提升路径 / 181

第五节　博物馆文创产品营销推广 / 186

第五章　博物馆文创产品项目运营展望 / 211

第一节　博物馆文创产品繁荣趋势不可阻挡 / 213

第二节　文创产品项目运营问题与解决路径 / 218

附录 / 229

附录1　国务院办公厅转发文化部等部门关于推动文化文物单位文化创意产品开发若干意见的通知 / 231

附录2　关于印发《关于进一步推动文化文物单位文化创意产品开发的若干措施》的通知 / 238

附录3　博物馆馆藏资源著作权、商标权和品牌授权操作指引 / 244

附录4　博物馆文创运营管理单位合作意向征集公告 / 270

后　记 / 275

第一章 博物馆文创产品内涵

文创产品是文创产业与文化市场运行中的重要组成部分,也是博物馆实现文化传播职能的重要载体。国外博物馆文创产品项目运营起步较早,取得了丰富的成果和经验;我国博物馆文创事业陆续走过了萌芽发展阶段、酝酿发展阶段、借鉴学习阶段和快速发展阶段,取得了令人瞩目的成就,助推博物馆从"活起来"到"火起来";学术研究方面,随着"文创热"的发展,文化学者逐步加大了对博物馆文创产品的关注,研究成果逐年递增,但系统研究博物馆文创产品项目运营实践的内容普遍较少。本章聚焦博物馆文创产品本体,辨析博物馆文创产品"小文创"和"大文创"概念,厘清博物馆文创产品的文化、创意、市场三项基本构成要素,并剖析博物馆文创产品的分类方法。

第一节
文创产业与文创产品

讨论文创产品的相关内涵必须将其置于宏观的文创产业语境下进行。文创产业相关概念诞生于西方国家，不同国家对文创产业界定、表述的侧重点均有不同，这也折射出文创产业概念的丰富内涵。我国文创产业虽起步较晚，但随着改革开放、文化体制改革等政策的逐步推进，产业发展态势迅猛。文创产品作为文创产业的重要承载，必然也保留了文创产业的相关特质，因此，文创产业与文创产品存在紧密的互动关系。

一、文创产业发展概述

文创产业是以文化元素为基础，通过创造力、技术手段和产业化运作，开发具有知识产权的文化产品与服务的新兴业态。不同国家对文创产业定义的侧重均不相同，如英国强调"创意"，美国注重"版权"，日本关注"内容"，中国则突出文化对产业的价值赋能。世界各国虽然对文创产业的着眼点略有区别，但无论是文化、创意、版权还是内容，都是文创产业的典型特征与核心要义，通过解读不同国家对文创产业的定义，有助于更深层次理解文创产业的概念和特征，并重新审视我国文创产业的发展历程，为文创产业实践提供借鉴。

（一）文创产业相关概念

1. 英国"创意产业"

1998年，英国在《英国创意产业路径文件》中首次明确创意产业（Creative Industry）的定义，将创意产业界定为"源于个人创造力、技能和才华，通过知识产权的生成和取用，创造财富和就业机会的产业"。这一概念强调以个体创造力为驱动力，通过知识产权保护实现经济价值的市场化转化。其核心要素有三：一是强调个人创造力。创意产业的核心动力来源于个人或团队的原创能力，而非传统工业化的资本或资源投入。二是强调知识产权依赖。通过版权、专利等知识产权形式保护创意成果，推动其商业化应用。三是强调经济与社会效益。创意产业兼具创造经济收益和社会效益。英国将创意产业划分为13个子行业，一是内容生产类，包括出版、电视和广播、电影和录像、电子游戏行业；二是设计服务类，包括时尚设计、建筑设计、广告、软件和计算机服务行业；三是艺术与工艺类，包括艺术和古玩、手工艺品、音乐、表演艺术行业。英国创意产业以"创造力资本化"为核心逻辑，通过政策引导与市场机制构建了全球标杆性产业模式，其概念兼具理论原创性与实践指导价值，持续影响全球文化产业的发展路径。

2. 美国"版权产业"

1959年，美国首次发布《美国版权产业的规模》研究报告，首次系统界定版权产业（Copyright Industry）的经济贡献。美国

"版权产业"是指以版权法为核心支撑，依赖知识产权创造与商业化运作的产业体系，涵盖文学、艺术、影视、音乐、软件等领域的创作、生产与传播活动，其核心特征在于通过法律保护实现文化内容的经济价值转化。根据世界知识产权组织（WIPO）与美国的实践，版权产业分为四类：一是核心版权产业。直接依赖版权保护的产业，如出版、影视制作、音乐发行、计算机软件。二是部分版权产业。部分内容涉及版权保护的产业，如家具设计中受版权保护的图案应用。三是相互依存版权产业。为核心版权产业提供设备支持的行业，如电视机、录像机制造。四是非专用支持产业。促进版权传播的辅助行业，如批发、零售、物流。美国版权产业以法律保护为根基，通过分类化运营与技术创新持续扩张，其概念兼具"经济导向"与"文化输出"双重属性，是全球文化产业治理的重要参照系。

3. 日本"内容产业"

日本内容产业（Content Industry）是指以数字化内容产品为核心，涵盖文化创意生产、传播与商业化运作的产业体系，其核心逻辑在于将文化资源转化为具有市场价值的信息产品。日本官方对内容产业未形成统一定义，经济产业部将其界定为"以出版报刊、游戏、音乐、影像为主体，延伸至漫画、动漫、电子游戏等领域的创意生产集群"。日本"内容产业"可分为核心内容生产领域和衍生支持领域。核心内容生产领域包括以传统纸质漫画与电子漫画为代表的出版报刊，以主机游戏、移动游戏及衍生电竞生态为代表的游戏产业，以动画电影、流行音乐及流媒体服务为代表的影视音乐等门类；衍生支持领域包括动画制作、周边商品、主题乐园等动漫产业链，以及虚拟偶像、元宇宙应用等数字技术融合手段门类。

4. 中国"文化产业"

文化产业（Culture Industry）是阿多诺和霍克海默在《启蒙辩证法》（1947年）一书中率先使用的概念。文化产业，作为一种特殊的文化形态和经济形态，影响了人们对文化产业的本质把握，不同国家从不同角度对文化产业有不同的理解。联合国教科文组织关于文化产业的定义是：文化产业就是按照工业标准，生产、再生产、储存以及分配文化产品和服务的一系列活动。该定义从文化产品的工业标准化生产、分配、流通、消费、再次消费的角度进行界定。

一般而言，文化产业是指为社会公众提供文化产品和文化服务的经营性活动。根据国家统计局印发的《文化及相关产业分类（2018）》，文化产业范围分为文化核心领域和文化相关领域，文化核心领域是指以文化为核心内容，直接满足精神需求的创作、制造、传播、展示等活动，涵盖文化产品及文化服务；文化相关领域是指为文化产品生产提供辅助支持的活动，包括文化装备制造、文化消费终端生产、文化辅助服务等。该分类把文化及相关产业分成三个层次：核心层、外围层和相关层。核心层主要包括新闻出版、广播电视、电影服务、文化艺术服务等；外围层涉及网络文化、休闲娱乐等；相关层则包括生产和销售文化用品设备等。本分类借鉴了联合国教科文组织的《文化统计框架（2009）》分类方法，在定义和覆盖范围上与其衔接。根据我国文化体制改革和发展的实际，该分类在考虑文化生产活动特点的同时，兼顾文化主管部门管理的需要，同时立足于现行统计制度和方法，充分考虑分类的可操作性，具有典型的中国特征。

（二）文创产业的特点

文创产业以创新性、融合性、高附加值为核心竞争力，兼具低资源消耗、高社会效益的特征，其发展不仅推动经济增长，更通过文化资源的创造性转化强化国家软实力，成为现代化经济体系中的战略性支柱。

1. 创新驱动与知识密集

文创产业是基于创造力和知识密集型特点，将文化资源通过智慧、技能与科技手段转化为知识产权，为公众提供差异化产品与服务的产业。一是以创造力为核心。文创产业高度依赖个人或团队的创意能力，强调通过技术手段将文化元素转化为知识产权，为社会公众提供差异化的产品与服务。二是知识密集型产业。文创产业以文化资源为基础，融合智慧、技能及科技手段，对传统文化进行重塑与提升，形成具有知识产权的原创内容。

2. 产业融合与跨界联动

文创产业凭借高度融合性，横跨多领域实现多业态协同发展，同时依托互联网和数字化技术催生新业态，推动产业链动态扩展。一是高度融合性。文创产业横跨文化、艺术、科技、制造等领域，通过"文化+创意+产业"模式实现多业态协同发展，如数字内容生产、动漫游戏与智能设备的结合，充分体现出文化与科技的深度融合。二是新业态衍生。文创产业依托互联网和数字化技术，催生新兴领域如短视频、虚拟现实、数字艺术等，不断衍生出新业态，推动产业链条实现动态扩展。

3. 市场导向与高附加值

文创产业以市场需求为导向，具有突出的商业化变现能力，通过创意设计实现高附加值，将文化资源转化为盈利的消费产品，提升产品文化内涵和品牌价值。一是突出的商业化变现能力。文创产业以市场需求为导向，将文化资源转化为可盈利的消费产品，强调创意成果的市场接受度与可持续盈利能力。二是高附加值属性。文创产业通过创意设计提升产品文化内涵，实现远超原材料成本的文化附加值，例如艺术衍生品、品牌联名产品开发模式的运用等，大幅提高了原有文创产品的品牌附加值。

4. 全民参与性与普惠性

文创产业具有全民参与性与普惠性，通过降低创意门槛，使普通用户能参与内容创作，其覆盖全领域且具有地域无界性，推动多领域创新实践与文化传播。一是创意门槛低。普通用户可通过技术工具参与内容创作，如短视频制作、数字艺术设计手段的创新，大大提升了社会公众的参与性。二是覆盖全领域。传统手工艺到现代科技产品均可融入文化创意，实现以文化驱动的多领域创新实践。三是地域无界性。文化元素的世界性主题突出了文创产业传播的地域无界性。

5. 国际化与传播力凸显

文创产业凭借文化符号的普适性成为文化输出载体，助力中国文化"走出去"，同时通过结合本土文化与国际审美适配全球市场，吸引全球消费者，凸显国际化与传播力。一是文化输出载体。文创产业凭借文化符号的普适性，如国潮、非遗元素等已成为中国实现国际文化交流的重要媒介，助力中国文化"走出去"。二是全球市场适配。文创产业通过本土文化与国际审美的结合，将本土化的文化内涵与世界性的产品语言相结合，突破语言与文化壁垒，吸引全球消费者。

(三)我国文创产业发展略述

1. 市场化探索与产业雏形（1978—2000）

20世纪80年代我国文化领域逐步引入市场机制，民营资本进入出版、演艺等行业，民营书店和小型演出公司涌现，打破了计划经济垄断。1998年文化部首次提出"文化产业"概念，确立文化的经济属性，从政策端实现破局。文创产业业态特征以影视、出版、工艺美术为主导。但不可忽视的是，当时消费需求集中于大众文化产品，发展水平较为低下，尚未形成规模化产业链条。

2. 产业化加速与资本介入（2001—2010）

2003年文化体制改革试点启动，我国将文化工作明确区分公益性文化事业与经营性文化产业，市场化机制初步建立。2009年《文化产业振兴规划》出台，文创产业被列为国家战略。技术渗透与业态创新，互联网的普及催生了网络文学、数字音乐等新业态，内容创作门槛逐步降低。文创产业的带动作用逐步显现，2004—2010年文创产业年均增速超15%，网游、动漫成为文创产业增长主力。

3. 全球化扩张与国潮崛起（2011—2020）

进入21世纪的第二个10年，IP经济呈现爆发式增长。2012年"文化强国"战略推动资本涌入，影视、游戏IP跨界开发，形成全产业链生态。2015年故宫文创年收入突破15亿元，国潮消费成为主流，带动了非遗活化利用与传统文化复兴。技术融合与消费升级，移动互联网推动短视频兴起，内容生产传播实现全民化。2020年疫情背景下，"云展览""虚拟偶像"等线上新业态不断涌现，创新了文化传播形式，我国文创产业迎来了快速发展期。

4. 数字化重构与生态跃迁（2021 至今）

在政策与技术双引擎驱动下，2021 年"十四五"规划提出文化产业数字化战略，元宇宙、数字藏品纳入官方支持范畴。2023 年生成式 AI 重塑内容生产，VR/AR 硬件普及率突破 30%，元宇宙敦煌博物馆落地，让更多人足不出户，身临其境领略敦煌魅力。市场扩容与全球化深耕，2023 年文创市场规模突破 2 万亿元，市场规模进一步扩大。国潮出海，非遗技艺通过跨境电商进入欧美市场。

二、文创产品概述

（一）文创产品的概念

李志春等认为，文创产品（Cultural and Creative Product）即文化创意产品，是指通过现代科技手段将文化主题与现有产品进行创意结合，从而产出具备市场价值的物质化产品。[①] 文创产品是以特定文化主题为基础，通过创意转化形成兼具文化属性与市场价值的产品，其本质是"文化资源 + 创意设计 + 现代技术"。文化主题、创新表达、知识产权是文创产品的核心要素。 文化主题要求文创产品须具备迎合广泛受众认知的文化符号系统，创新表达要求文创产品突破传统载体形式，知识产权强调文创产品应对创意成果进行版权保护与商业化开发。上述定义兼容了文创产品的"文化""内容""创意""版权"等多项属性，与文创产业的不同国家的多版本内涵形成了有力呼应。

[①] 李志春、李日辉、包长江：《文创产品相关评价研究综述及展望》，《包装工程》2023 年第 10 期。

（二）文创产品的特点

1. 文化性

文创产品的文化内核应十分突出，"文化"是文创产品的"内核"，文创产品以文物、非遗、地域特色等为创作源泉，传递历史、艺术或地域文化内涵。文创产品要强调文化价值转化，通过创意设计将传统文化转化为现代消费语言，推动文化遗产的传承与发展。

2. 创意性

创意性是文创产品吸引消费者的关键因素之一，文创产品通过独特的创意设计，将文化元素与现代审美相结合，赋予产品新的生命力。文创产品应深度挖掘文化内涵、优化用户体验、推动功能多元化并加速数字化转型，传承和弘扬传统文化，满足消费者个性化、定制化的文化需求。

3. 艺术性

艺术性是文创产品区别于普通商品的重要特征，它通过艺术设计将文化内涵、情感价值和现代审美相结合，不仅提升了产品的吸引力和市场竞争力，还推动了文化的传承与创新。文创产品的艺术性不仅体现在视觉上的享受，更是文化与情感的深度表达。

4. 实用性

实用性为文创产品赋予了更高的价值，消费者更愿意为兼具文化内涵和实际使用功能的产品买单，文创产品可以作为装饰用品，更可推动生活品质的提升，让文化能够更好地融入人们的日常生活。当文创产品被频繁使用时，其文化元素也会不断呈现在人们眼前，从而潜移默化地影响人们的观念和行为。

5. 情感性

情感性是文创产品设计与消费过程中极为重要的维度，它能够唤起消费者对传统文化的认同感和归属感，能够为消费者提供情绪上的满足，进而增强产品的吸引力和市场竞争力，还能在消费者与产品之间建立起深厚的情感连接，增强用户对产品的喜爱和忠诚度。

6. 社交性

社交性是文创产品在数字化时代的重要特征，文创产品通过社交媒体平台的传播，增强了文化的传播力和影响力，为用户提供了情感共鸣和互动体验。文创产品不仅能够成为社交货币和文化符号，还能促进文化传承和文旅消费。

7. 地域性

地域性文创产品以地方文化为核心，通过创新设计将传统文化元素与现代审美相结合，实现文化的传承与创新。文创产品通过建筑、特产、风俗、图案等文化符号，增强了产品的地域识别性，能够引发消费者的情感共鸣，增强地域认同感。

8. 纪念性

纪念性是文创产品的重要特征之一，它通过独特的设计、文化内涵和情感共鸣，为消费者提供了超越物质价值的纪念意义。文创产品通过与特定文化、历史或情感背景的关联，能够唤起社会公众对特定文化或历史的记忆。

（三）文创产业与文创产品的互动关系

虽然各国对文化相关产业定义的侧重点不同，但均以文化和经济驱动为核心，通过技术创新和政策支持争夺全球文化话语权。英国以创意撬动市场，美国以版权垄断全球，日本以内容情感共鸣破圈，中国以政策整合传统与现代资源，多重定义的文创产业共同构建多元化的全球文化生态。

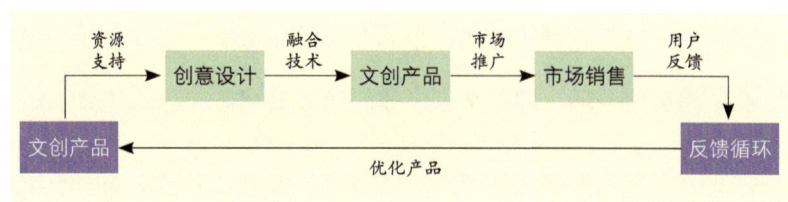

文创产业与文创产品关系脉络

文创产业与文创产品的关系表现为：一是互为表里、核心与载体的依存关系。文创产业是文创产品的底层支撑体系，通过整合文化资源、技术能力和市场渠道，为产品开发提供系统性支持；而文创产品则是产业价值的具象化载体，将抽象的文化符号转化为可流通的商品。二是相辅相成、动态互促的生态循环关系。文创产业提供创意孵化、技术研发和供应链支持，降低产品创新门槛；高附加值文创产品通过市场成功案例，吸引资本投入和人才聚集，推动产业升级。三是创意引领、价值创造的双向路径关系。文创产品通过"创意密度"体现产业创新水平，增强产品的核心竞争力。四是价值相依，市场与文化的协同关系。文创产业构建文化IP矩阵，形成规模化输出能力；单个文创产品承担"文化传播节点"的角色，通过消费行为扩散文化影响力。

（四）文创产业内的博物馆文创产品

聚焦文博领域，博物馆文创产品在《文化及相关产业分类（2018）》中主要归属于核心层，具体为"内容创作生产"大类下的创意设计服务和工艺美术品制造。博物馆作为文化机构，其核心职能属于"文化艺术服务"大类下的"文物及非物质文化遗产保护"或"博物馆"相关活动。文创产品开发属于博物馆功能的延伸，涉及文化资源的创造性转化，符合"内容创作生产"大类中的"工艺美术品制造"或"创意设计服务"子类，博物馆文创产品设计属于创意设计服务，实物生产则属于工艺美术品制造。根据分类标准，文创产品需满足"以文化为核心内容，直接满足人们精神需求"的定义。内容创作生产大类包含"创意设计服务"和"工艺美术品制造"。由此可见，博物馆文创产品是文化产业中的重要一环，遵循文创产业的运行规律。

第二节
博物馆文创产品发展概述

文创产品是博物馆实现文化传承的重要载体，是社会公众将"博物馆文化带回家"的主要实现方式。博物馆文创产品最早诞生于西方国家，其妙趣横生、寓教于乐的设计理念推动了我国博物馆文创产品发展的转型升级，越来越多的文创产业从业者和研究人员关注到博物馆文创产品的新赛道，并为近年来博物馆文创产品的高速发展奠定了坚实基础。

一、国外博物馆文创产品经验启示

博物馆文创产品与博物馆一样，都是西方舶来品，产生、发展于国外，并对我国文创产业演进带来了深刻影响。国外博物馆在文创产品项目运营上注重市场调研与产品定位、提升创意融合与文化深度、强化渠道销售与品牌推广、确立运营模式与产业链条等多个方面，这些经验为我国博物馆文创产品项目运营和实践提供了有益的借鉴和启示。

（一）注重市场调研与产品定位

国外博物馆在文创产品开发前，通常会进行大量的市场调研，预测和跟进社会热点，以了解消费者的需求和偏好。市场调研是文创产品开发不可或缺的一环。博物馆文创产品运营从业者要了解目标市场的现状、趋势以及消费者的具体需求、偏好，有助于确定博物馆文创产品的定位、设计风格、功能特点等，从而开发出符合市场需求的产品。例如，俄罗斯博物馆的市场部门会提前预测社会热点和民众需求，然后邀请相关主题的专业人才进行不同文化背景、想法和创意的融合，或者直接预约设计师来进行命题创作，这种精准的市场定位使得文创产品能够更好地满足消费者的需求，从而提高产品销售量。市场调研的成果将直接应用于文创产品的开发和营销策略制定中，博物馆会根据消费者的需求和偏好，确定文创产品的设计风格、功能特点、价格定位等。同时，博物馆还会根据市场调研的结果，制定有效的营销策略，包括选择合适的销售渠道、进行有针对性的广告宣传等。

（二）提升创意融合与文化深度

国外博物馆在文创产品的设计上注重创意的融合与文化的深度挖掘。他们不仅追求产品的美观和实用性，更注重通过文创产品传达博物馆所收藏的艺术品或文物的文化内涵和历史价值，他们通过深入研究藏品的来源、制作工艺、历史意义等，将其转化为文创产品的设计灵感。国外博物馆非常注重结合现代审美趋势和实用功能，只有让文创产品真正融入消费者的日常生活中，才能够更好地传播文化。此外，国外博物馆还善于通过跨界合作和创新设计来拓展文创产品的种类、形式。博物馆与知名品牌、设计师或艺术家进行联名合作，推出限量版或特别版文创产品，进一步提升产品的独特性和收藏价值。同时，他们还不断探索新的

▶ 大英博物馆"盖亚·安德森猫"主题文创产品

设计理念和材料技术,以创造出更加新颖、独特的文创产品。例如,美国大都会艺术博物馆的文创产品包括典藏复制品、衍生产品、出版品、电子产品等,其中大部分商品都经过博物馆的艺术家、历史学家、设计师仔细研究,由专家操作,以确保较大程度上的还原原作。同时,该博物馆还会从古典艺术中获取灵感,重新设计衍生品,如依照名画中人物所佩戴的珠宝式样开发的女性饰品系列等。大英博物馆围绕其珍藏的"盖亚·安德森猫"这一古埃及女神的象征,开发了一系列功能多元的周边产品,如天气瓶、行李箱吊牌等。这些产品不仅保留了古埃及文化的精髓,还融入了现代设计元素和实用功能,使得古老的文化以全新的面貌呈现在消费者面前。

(三)强化渠道销售与品牌推广

一方面,国外博物馆在文创产品的销售上采取多渠道策略,包括线下商店、线上平台、合作品牌等。线下文创商店是国外博物馆文创产品销售的传统渠道之一。文创商店通常位于博物馆内部或周边地区,为游客提供便捷的购物体验。文创产品种类繁多,从复制品、收藏品到日用文具、配饰等应有尽有,能够满足不同游客的购物需求。同时,自营商店还通过举办促销活动、推出限量版产品等方式,吸引游客前来购买。随着互联网技术的不断发展,线上平台已成为国外博物馆文创产品销售的重要渠道。博物馆通过建立官方网站、在社交媒体上开设店铺或与其他电商平台合作,将文创产品推向更广泛的受众。线上平台不仅提供了便捷的购物方式,还能够通过数据分析、精准营销等手段,提高文创产品的销售效率和用户满意度。例如,纽约现代艺术博物馆(The Museum of Modern Art,简称 MoMA)在馆内和馆外开设了多家自营的艺术商店,同时结合互联网金融的发展,充分运用网络的线上平台,将线下与线上销售结合,进一步地拓展市场。国外博物馆还通过举办各种活动来推广文创产品,并增强公众的参与感和体验感。美国大都会艺术博物馆推出晨练活动,让人们在名画、雕塑等艺术品环绕的展厅中健身;而大英博物馆则会配合节庆、节日开发新的文创产品,并举办相关活动,如圣诞装饰品展览等。这些活动不仅丰富了博物馆的文化内涵,也提高了文创产品的知名度和销售量。

(四)确立运营模式与产业链条

国外博物馆经由长时间的探索和完善,在文创衍生品的研发、设计、生产、营销等方面形成了一条比较完整的脉络。[①] 美国和英国分别成立了博物馆商店协会和博物馆出版及商店经营集团,让博物馆文化产业更加规范和成熟,从开发、生产到销售,

---

① 刘睿卿:《博物馆文创衍生品与非遗文化融合研究》,辽宁师范大学美术学院硕士学位论文,2020。

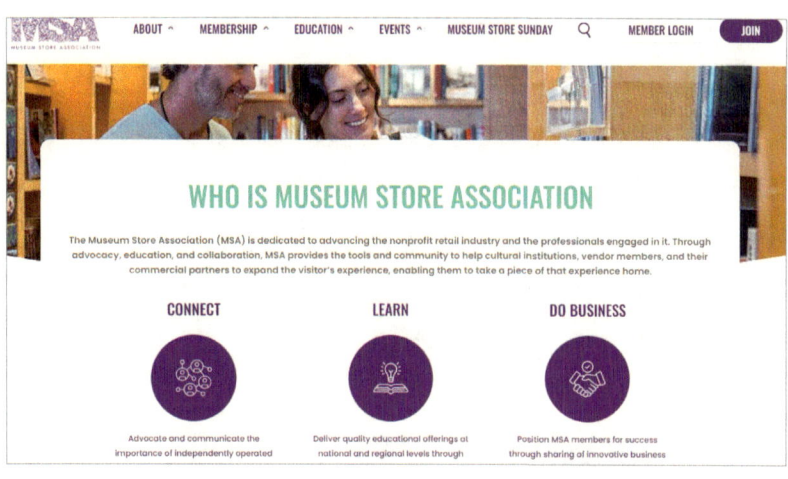

▶ 美国博物馆商店协会网站

欧美地区的博物馆已在多年的实践中形成了较为成熟完整的产业链。美国于 1955 年成立了博物馆商店协会（The Museum Store Association），协会在推动博物馆文化产业的发展中起到了至关重要的作用：通过制定和颁布《博物馆商店伦理规章》，强调商品的选择和商店的管理需要与博物馆的宗旨一致，维持较高的教育水平，为博物馆商店的经营提供了明确的指导，确保了博物馆文化产品的质量和教育价值；为博物馆商店提供了一个交流与合作的平台，通过组织会议、研讨会等活动，促进了博物馆之间的信息共享和经验交流，推动了博物馆文化产业的共同发展；鼓励博物馆商店在营销上进行创新，通过运用现代营销理论和手段，提高博物馆文化产品的知名度和影响力，从而吸引更多的消费者。英国成立了涵盖面更广的博物馆出版及商店经营集团（The Group for Museum Publishing and Shop Management），该集团进一步推动了博物馆文化创意产业的全面发展：整合博物馆的出版和商店经营资源，实现资源共享和优势互补，提高博物馆文化产品的开发和生产效率；拓展销售渠道和市场，提升博物馆文化产品的销售量，为博物馆带来了更多的收入，有助于博物馆的可持续发展。

二、我国博物馆文创产品发展演变

我国博物馆文创产品的发展虽然起步较晚，但发展较快，逐步走过了从博物馆"小商品"、旅游纪念品、文物复仿制产品到文创产品的发展历程，产品形态经历了从传统文创产品到数字文创产品的发展嬗变，特别是近十年来博物馆文创产品行业成绩喜人，博物馆实现了从"活起来"到"火起来"。

（一）萌芽发展阶段

在博物馆建设层面，1905年，晚清状元、著名实业家、教育家张謇受到了中国知识分子对博物馆认知的内在启发，也受到了出游访问和外国人在中国建立博物馆的外在刺激，逐步意识到博物馆对于学校教育和启迪民智的重要作用，在家乡南通建立了中国人独立创办的第一座公共博物馆——南通博物苑。博物苑藏品分天产、历史、美术、教育四部，主要陈列于南馆、北馆等展馆内，大型文物标本则展示于室外，中国博物馆事业发展从此起步。在产品设计层面，19世纪末至20世纪初，欧洲艺术家开始倡导艺术与设计的融合，推动了工艺美术运动的兴起，这一运动强调手工艺的价值和设计的艺术性，为文创产品的发展提供了重要的思想基础。20世纪初，德国包豪斯学派提出了"艺术与生

▼ 南通博物苑

产的结合"的口号，将设计视为艺术创作的重要组成部分，这一学派的设计理念对后来的文创产品设计产生了深远的影响，推动了文创产品向更加实用和艺术化的方向发展。受相关设计流派影响，我国文创产品雏形最早可以追溯至20世纪20—30年代的国货运动与现代设计的萌芽时期，面对民族危机，进步人士鼓励国人购买本国企业生产的日用品，促进了博物馆与产品设计的早期萌芽。蔡元培先生提出"美育兴国"的方案，即用"美育"来改造"国民性"，这与如今博物馆文创产品倡导的更新国人生活方式的初衷相呼应，为博物馆文创产品的萌芽奠定了发展基础。

（二）酝酿发展阶段

新中国成立后，我国博物馆建设很长一段时间是以"文物藏品"为中心开展工作，其职能主要聚焦于文物藏品的征集、收藏与保护，辅之以教育、展示、传播，文创产品仅作为博物馆展览的附属品，承担着部分博物馆的教育传播职能。随着新博物馆学的"西学东渐"，我国博物馆建设策略产生了潜移默化地改变。首先，新博物馆学更强调"以人为本"，关注社会公众的文化需求和观展体验，通过多样化的展览形式和教育活动，提升观众的参与感和满意度；其次，新博物馆学注重多元文化的展示与尊重，致力于打破文化壁垒，促进不同文化之间的交流和理解；最后，新博物馆学强调博物馆的社会服务功能，通过组织各类公益活动和文化项目，为社区和公众提供丰富的文化滋养，在此理念影响下，博物馆文创产品的"旅游纪念品属性"被激发出来，到博物馆参观后并购买"旅游纪念品"逐步成为一种文化消费习惯。20世纪90年代，伴随市场经济的发展和社会公众文化消费需求的提升，越来越多的文化和艺术产品开始进入市场。博物馆等文化机构也开始探索将文物资源转化为文创产品，以满足公众的文化需求，文物复仿制文创产品应运而生，该类产品不仅具有

兵马俑主题文物复仿制文创产品

文物的外观特征，还蕴含着丰富的文化内涵和历史价值，消费者通过购买和收藏这些产品，可以更加深入地了解中国的传统文化和历史。但由于文物复仿制文创产品的市场不断扩大，一些质量不高的产品也开始涌现，这些产品往往粗制滥造，缺乏创新思维和收藏价值，在市场上缺少竞争力，难以吸引年轻消费者的关注，博物馆文创产品的"创意"要素溢出需求逐步提高。

（三）借鉴学习阶段

2000年后，台北故宫博物院受到了全球知名设计公司阿莱西的影响，开始尝试将文物元素融入日常用品中，设计出既具有实用性又富含文化内涵的文创产品，转换开发思路后的台北故宫博物院文创产品一举大获成功。随着两岸文化交流逐渐频繁，台北

▶ 台北故宫"朕知道了"纸胶带

故宫博物院"朕知道了"纸胶带等系列文创产品陆续传入大陆，让国人感受到博物馆文创产品除了"文物复仿制"风格，还能带来如此的趣味性。故宫博物院受此设计思路启发，逐步注重文创产品的创意性和生活实用性，让文物藏品更好地融入人们的日常生活中，发挥其文化价值。故宫通过微信公众号、App 等新媒体平台，发布与文创产品相关的文章、视频等内容，介绍文创产品的设计理念、文化内涵等，以此吸引更多消费者关注和喜爱。同时，故宫还通过与其他品牌、设计师合作，共同推出联名文创产品，进一步拓宽了文创产品的传播渠道和影响力。此外，故宫博物院在传统文化、皇家文化中融入了些许戏谑、诙谐元素，打造"萌系"文创产品。2014 年，故宫淘宝微信公众号刊登了《雍正：感觉自己萌萌哒》一文，此文成为故宫淘宝公众号第一篇"10 万 +"爆文；同年，故宫文创相继推出"朝珠耳机""奉旨旅行"腰牌卡、"朕就是这样的汉子"折扇等一系列产品；故宫官方还推出了三款 App：胤禛美人图、紫禁城祥瑞、皇帝的一天，三款 App 极具趣味，吸引了众多用户的关注。自此，以故宫为代表的我国博物馆文创产品逐步走进了人民群众生活，也为其他博物馆的文创产品发展提供了有益的借鉴和启示。

(四)快速发展阶段

2008年全国博物馆、纪念馆施行免费开放后,社会公众对博物馆的热情有了明显的提升,参观人数大幅度增长,市场需求下博物馆文创产品也开始迅速发展:一是在政策层面,国办印发《国务院办公厅转发文化部等部门关于推动文化文物单位文化创意产品开发若干意见的通知》(国办发〔2016〕36号),文旅部门先后促成154家文化文物单位成为全国文化创意产品开发试点单位,成为我国博物馆文创产品发展过程中具有划时代意义的关键时间节点,博物馆文创产品进入了发展快车道。2021年8月,八部委联合印发《关于印发〈关于进一步推动文化文物单位文化创意产品开发的若干措施〉的通知》(文旅资源发〔2021〕85号),文件提出积极推行文创试点工作,鼓励先行先试,健全收入分配机制,用好税收政策等多项举措,明确了博物馆文创产品开发经营的路径应用、保障措施。二是在实践层面,各地纷纷积极落实政策意见精神,各大博物馆逐渐重视自身品牌IP的塑造,

◀ 博物馆研学成为"大文创"的有力代表

提升文创产品的设计与开发理念，涌现出如雪糕、考古盲盒、冰箱贴、"萌"系玩偶等"爆款"文创产品品类，中国国家博物馆、上海博物馆、河南博物院、陕西历史博物馆、甘肃省博物馆等文博机构研发的文创产品纷纷"出圈"，极大满足了人民群众的精神文化生活。三是在产品形态层面，博物馆文创产品历经了"小商品"、文物复仿制产品、文创产品到数字文创产品的产品研发思路，更是从单一"小文创"的"文创衍生产品"拓展到"大文创"的博物馆"精神文化产品"等多种形态，博物馆文创产品的内涵外延不断拓展。

三、国内博物馆文创产品研究现状

（一）对博物馆文创产品相关论述的统计

截至 2025 年 1 月 21 日，在中国知网数据库中检索"博物馆文创产品"有以下结果。从研究成果数量上看，在期刊、学位论文、会议、报纸四项主要研究成果形式中，"全文"检索共 99274 条，"主题"检索共 2851 条，"关键词"检索共 1029 条，"摘要"检索共 3080 条，"参考文献"检索共 8695 条，其中期刊类中"主题"检索 1980 条，"关键词"检索 833 条，"摘要"检索 2108 条，"参考文献"检索 4356 条。基于博物馆文创产品往往采用"文创产品"进行简称的情况，在中国知网数据库检索"文创产品"后显示，在期刊、学位论文、会议、报纸四项主要研究成果形式中，"全文"检索共 312303 条，"主题"检索共 16528 条，"关键词"检索共 15494 条，"摘要"检索共 25726 条，"参考文献"检索共 8695 条，其中期刊类中"主题"检索 12288 条，"关键词"检索 11745 条，"摘要"检索 16104 条，"参考文献"检索 16232 条。上述数据显示，"博物馆文创产品"以及"文创产品"从最初的一种文化现象逐步被社会科学研究所关注，并成为学术研究

▶ 博物馆文创产品、文创产品研究成果趋势

的前沿热点。

从研究成果发布时间上看,检索"博物馆文创产品""全文"数据后显示,2010—2024年间的研究成果发布数量分别为:89篇、168篇、269篇、340篇、569篇、990篇、1920篇、3519篇、5629篇、8997篇、1.09万篇、1.40万篇、1.63万篇、1.90万篇、1.54万篇;检索"文创产品""全文"数据后显示,2010—2024年间的研究成果发布数量分别为:2288篇、3075篇、4708篇、4989篇、5219篇、5778篇、9123篇、1.35万篇、1.91万篇、2.82万篇、3.22万篇、3.92万篇、4.30万篇、5.10万篇、4.22万篇。上述数据显示,研究人员对"博物馆文创产品"和"文创产品"的关注从2010—2024年的15年间逐年增长,同时可以看出,研究人员对文创产品的研究热潮与近15年来博物馆文创产品的快速发展呈正相关关系(由于检索时间为2025年1月,存在一部分2024年年末的论文数据尚未上传中国知网的可能性,因此,数据出现2024年研究成果少于2023年的现象)。由此可见,博物馆文创产品相关内容具有极其广阔的研究前景。

（二）对博物馆文创产品研究内容的分析

从研究内容视角上看，在中国国家图书馆网站"文津搜索"处检索"博物馆文创产品"并选择"图书"选项后，检索出14本符合"博物馆文创产品"主题相关的书籍，内容主要以博物馆文创产品的设计研发为切入点，分析文创产品；检索"文创产品"并选择"图书"选项后，检索出150本符合"文创产品"主题相关的书籍，随着检索数据量的增大，书籍的"文创产品设计"主题趋势更加明显，聚焦文创产品设计层面的书籍占到总搜索数据的八成以上，对文创产品的研究呈现出"重设计，轻管理"的研究倾向，同质化倾向凸显。书籍作者多为高等院校设计学科教师，博物馆文创产品项目运营管理人员出版文创产品研究专著情况极为罕见。高等院校设计学科教师虽具有较丰富的艺术设计教学研究经验，但在脱离了博物馆文创产品项目运营政策环境、体制机制、内部管理等前提条件下，仅停留在对文创产品形式美的探讨，学术研究处于空中楼阁，无法全面反映博物馆文创产品的项目运营实际情况。博物馆文创产品项目运营工作人员、合作企业人员等虽然具有丰富的实践经验，但是并不注重工作的总结研究。前者多奔走于博物馆文创产品日常经营管理业务，对研究无暇顾及，或因干部轮岗交流，管理人员并不具有一线从业经验，加之文创产品运营是跨学科的新型文博业务，博物馆普遍缺少既懂项目管理又懂产品设计的人才，造成了博物馆文创行业内研究成果远远滞后于实践成果的现实困境；后者更加关注文创产品市场运营效益，学术研究并非其工作价值导向，因此，出版行业内缺少系统阐释博物馆文创产品项目运营的研究成果。

（三）对博物馆文创产品研究成果的思考

如何做好博物馆文创产品项目运营？是每一位博物馆文创产品从业人员都在思考的问题。近十余年来，笔者在从事文创产品项目运营工作之余，积极开展广泛的博物馆文创业务调研，陆续参与十余次文旅部门、行业协会等组织的博物馆文创业务培训，在增进业务交流基础上，笔者加强了对博物馆文创产品项目运营实践的研究，以及对相关问题痛点、难点的反思，为本书的撰写提供了广阔思路。一是研究成果要从局部研究向系统研究转变。博物馆文创产品项目运营涉及内容极其广泛，包括博物馆文创产品的政策环境、运行机制、设计研发、营销推广等诸多方面，一些博物馆文创产品优秀案例的分享，更侧重工作业绩的"成果展示"，而文创产品取得的成绩背后，一定是与强有力的政策支持、科学合理的运营机制分不开的，因此要对博物馆文创产品项目运营进行系统研究，而非仅针对产品设计等领域进行局部研究。二是研究成果要从关注行业龙头向提升中小型博物馆文创产品运营水平转变。博物馆学是一门实践性极强的研究学科，自然缺少不了案例研究，当前学术领域对头部博物馆文创产品运营的研究成果较多，但由于博物馆的资源禀赋并不相同，故宫博物院、中国国家博物馆、陕西历史博物馆、河南博物院、苏州博物馆等"头部"博物馆由于拥有无可比拟的馆藏与社会资源优势，中小型博物馆无法硬搬照抄其运营机制模式，导致现有研究成果无法向博物馆实践成果转化。三是研究成果要从务虚性研究向务实性研究转变。博物馆文创从业人员需要的研究、分享、培训，要解决其从业环节中的实际问题，即"告诉我，我如何做好我负责的文创工作？"博物馆文创产品的发展历史、理论、流派、风格等"形而上"研究对解决具体问题并无多大直接指导意义，所以文创产品的研究成果还应从务虚转向务实。

第三节
博物馆文创产品基本概念

基于博物馆文创产品的基本概念，国内学者从不同侧面进行了积极探讨。张艺军表示，博物馆文创产品是"以传播与弘扬先进民族文化和价值观为核心，以满足社会公众个性化文化需求，推动社会发展为导向，以文物藏品信息、历史文化知识、文物科学研究成果及其衍生品的创新性加工、利用为基础，以现代高新科技，特别是大规模复制和传播技术的应用为基本手段"[①]。陈凌云指出，博物馆文创产品是"在博物馆商店或者电商平台销售的，创新性提取、运用馆藏文物的文化艺术元素设计、制作的融观赏性、纪念性、实用性为一体的特殊商品"[②]。金青梅、张鑫认为，博物馆文创产品是"通过与文化创意产业的结合，将创造性思维与博物馆馆藏文化进行结合，将文化和创意思维这两种抽象的意识相统一，并整合加工成带有博物馆文化特色的创意产

[①] 张艺军：《博物馆文创产品架起传播的桥梁》，载中国博物馆协会文创产品专业委员会编《中国博物馆文化产业研究》，湖北人民出版社，2015。

[②] 陈凌云：《博物馆文创产品的价值、设计方式和原则》，《文化产业研究》2016年第3期。

品"①。王旭东、赵鹏提出，文创产品是通过吸收和转化博物馆藏品所具有的符号意义、美学特征、人文精神等文化元素，同时关照消费者的精神需求与文化偏好，以创意重构产品的艺术价值、文化价值和娱乐价值，最终寻求面向市场的价值认同。②

综上，博物馆文创产品是"博物馆文化创意产品"的简称，是指以依托博物馆馆藏文物史料、历史故事、文化元素等为基础，通过创意设计和加工制作，形成的具有一定文化属性、实用功能和纪念价值的商品。随着近年来博物馆文创产品及相关产业的迅猛发展，博物馆文创产品形成了狭义的博物馆文创衍生产品即"小文创"概念和广义的博物馆文化产品与服务"大文创"概念两大类别。

一、"小文创"的博物馆文创衍生产品

"小文创"概念下的博物馆文创衍生产品是传统意义上的博物馆文创产品，是博物馆基于馆藏文化资源，设计开发的具有文化元素和创意思维的商品。该类产品往往是配合博物馆展览内容开发，在博物馆场馆开辟的经营服务售卖区域进行销售，具有一定纪念、教育功能的文化商品，如博物馆文创雪糕、冰箱贴、徽章、手办等均属于"小文创"的文创产品范畴。

博物馆界之所以将文创衍生产品定义为"小文创"，主要有以下三个特征：一是产品"概念小"。"小文创"是指博物馆文创产品中的文创衍生品，不涉及博物馆研学、展览、演艺等"大文创"的概念。二是资金"投入小"。投入小是博物馆在推进文创

---

① 金青梅、张鑫：《博物馆文创产品开发研究》，《西安建筑科技大学学报（社会科学版）》2016年第6期。

② 王旭东、赵鹏：《文化之创意与衍生——中国博物馆文化产品的概念辨析》，载《东方考古》2018年第15集。

▶ "小文创"视角下的博物馆文创衍生品

产品研发时，单款产品在设计、打样、生产、营销等环节投入的研发资金和社会资源相对较少。三是业态"规模小"。文创衍生品主要聚焦产品本身的设计研发、生产加工、市场营销等环节，而非跨业态、多行业的产业规模，文化产业体量相对较小。

二、"大文创"的博物馆文化产品与服务

从博物馆文创产品的定义上看，依托博物馆馆藏文物史料、历史故事、文化元素等，通过创意设计和加工制作，形成具有一定文化价值和实用功能的商品，并非只有博物馆文创衍生产品，博物馆主题展览、依托展览策划推出的研学产品、文旅演艺等都可以看作为博物馆提供的带有市场属性、商业特征的精神文化产品，由此，博物馆文创产品的概念将被大大拓展。为推动博物馆文创产品发展，部分省份制定了相关文创激励政策，对"大文创"涵盖的内容进行了明确界定。湖南省印发的《关于进一步推进全省文化文物单位文创高质量发展的若干措施》中指出："文

创产品是基于藏品特色资源、IP 授权设计开发文化创意衍生产品，以及研学教育专题展览、特色演艺、电影、游戏、数字化孪生应用产业等创造性劳动产品，均可界定为文化创意产品"。河南省印发的《关于进一步推动全省文化文物单位文化创意产品开发的若干措施》中指出："文创产品是基于馆内藏品、特色资源等，采取独立开发、合作、授权等多种方式，研发设计文化文物创意衍生品以及社会教育、公众研学、特别展览、内容出版、数字文创、文旅演艺、科研成果转化等文化增值服务产品"。"大文创"不仅涵盖文创衍生产品，只要是依靠博物馆文化资源开发的、能满足社会公众差异化文化需求的产品与服务都可以囊括其中。例如，近年来受人民群众热捧的博物馆特别展览，就是最好的"大文创"例证。自 2021 年起，上海博物馆陆续推出"对话世界"文物艺术大展系列展览，联手世界知名博物馆，自主策划、联合办展，推动文明对话，促进交流互鉴，让上海成为"世界看中国、中国看世界"的重要窗口。2024 年 7 月，上海博物馆推出"金字塔之巅：古埃及文明大展"，配合此次大展，上海博物馆策划了含文创、餐饮、研学、游戏、体验活动、宠物友好专场、沉浸式探索体验展等多元融合的"文化套餐"，并联动文旅

◀ "大文创"视角下的博物馆演艺产品：湖北省博物馆编钟表演

▶ "大文创"视角下的博物馆展览产品:"金字塔之巅:古埃及文明大展"

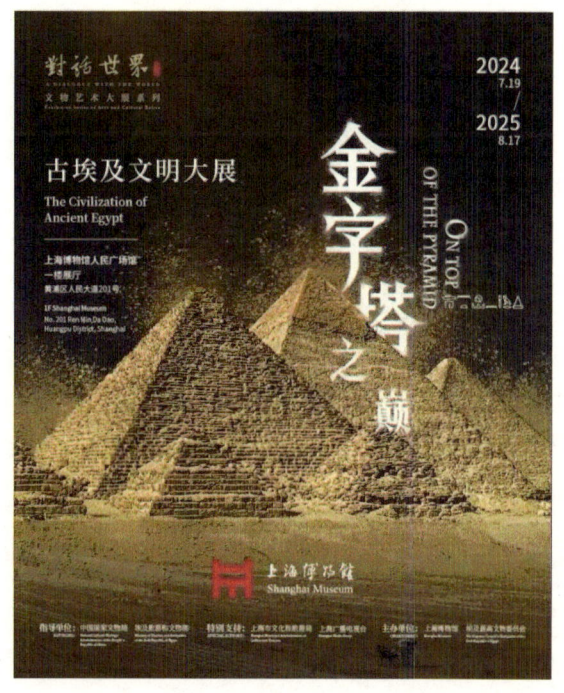

企业、重点商圈,打造一站式文旅消费新场景,开展4个月,相关文创营收近4亿元。

由于博物馆文创产品的"大文创"概念涵盖内容极其庞杂,涉及业务极为广泛,随着时代的发展,博物馆文创产品的产品形态、运营模式等不断推陈出新,对"大文创"的研究讨论难度较大。因此,本书的研究对象主要聚焦博物馆衍生产品的"小文创",辅之以博物馆文创产品及相关服务的"大文创",力求见微知著、由小见大。

三、博物馆文创产品构成要素

联合国教科文组织把文化产品定义为"传递思想、符号和生活方式的消费性商品"。博物馆及相关从业者应加强对文创产品的解构,研究博物馆文创产品具备的构成要素,切实让博物馆文创产品有内涵、有趣味、有市场，方能更好地推动文创产品的开发与运营。

（一）文化要素

博物馆文创产品要"有内涵"。文化要素决定了博物馆文创产品的内在价值和精神内涵，是吸引消费者的重要因素，文创产品通过提取和转化历史文化元素，将传统文化以现代化的方式呈现，使消费者在日常生活中能够感受到文化的魅力。博物馆承载着对中华优秀传统文化、革命文化和社会主义先进文化征集收藏、研究阐释、展示传播的社会职能。作为博物馆机构传播媒介的文创产品，从过去展览的配套"附属品"拓宽到为展览赋能，推动展览教育传播破题出圈，愈发彰显出重要价值。文创产品与博物馆推出的主题展览一样，都是博物馆向社会公众提供的精神文化产品，因此，博物馆文创产品首先要具备文化要素。社会公众可以从文创产品中解析出文化内涵、历史风貌、精神内核、思想表达等诸多文化信息，文创产品应彰显一定知识性，从而实现博物馆文化的教育传播功能：一是历史文化的再现。博物馆文创产品常常以馆藏文物为设计灵感，通过提取文物中的经典元素，如纹饰、造型、色彩等，进行再创作。二是地域文化的表达。博物馆文创产品还注重表达地域文化特色，通过产品传递当地的历史、民俗、风情等信息。三是精神文化的传承。精神文化是博物馆文创产品文化要素中的最高层次，它表达的是人们的思想观念、价值追求等精神层面的内容。由此可见，博物馆文创产品的文化要素是其核心价值所在。通过提取和转化历史文化元素，结合对创意设计和用户体验的关注，以及教育功能的发挥，博物馆文创产品成为传承和弘扬传统文化的重要载体。

（二）创意要素

博物馆文创产品要"有趣味"。博物馆文创产品的创意要素是构建其独特魅力和市场吸引力的关键。一是创意要推动文创产品的文化传承与创新融合。博物馆文创产品要尊重并传承博物馆所展示的文化遗产，确保文创产品中的文化元素具有历史依据和真实性；同时，在传承的基础上，通过创新的设计手法，将传统文化与现代元素有机结合，创造出新颖独特的文创产品。二是创意要推动文创产品设计要素的创新运用。创意要素需通过文创产品的色彩、纹饰、造型、材质、工艺选取，传播中华文明。三是创意要推动文创产品功能性与实用性的结合。功能是文创产品与工艺品最主要的区别，也是设计最核心的发力点，要使功能美与形式美和谐统一，同时注重产品的实用性，使消费者在日常生活中能够频繁使用，从而加深对博物馆文化的了解和认同。四是创意要推动文创产品的交互体验与情感共鸣。社会公众在展厅观看展览的特定场景下产生的与策展人的"思想共情"，使他们能够通过文创产品更加深入地体验和理解博物馆的故事，建立起情感连接，成为促成文创产品消费行为的直接动因。博物馆要让社会公众感受到文创产品创意的奇思妙想，或基于内容主题，或基于形式材质，或基于功能结构，文创产品研发应从趣味性导入，让消费者在意料之中又有意外之喜，调动文化接受者的审美欣赏或参与共创的热情，让收藏在博物馆里的文物、陈列在广阔大地上的遗产、书写在古籍里的文字都"活"起来，从而丰富人民群众的精神文化生活。

（三）商品要素

博物馆文创产品要"有市场"。博物馆文创产品项目运营应坚持把社会效益放在首位，实现社会效益与经济效益相统一，优秀的文创产品既要"叫好"又要"叫座"，具体原因有以下三点：

首先，市场销量是博物馆文创产品评价的"有形标尺"。由于博物馆文创产品的社会效益难以精确评价，文创产品的销售量与营业额便成为其社会效益评价的直观参考，具体反映着博物馆文化的传播效果。其次，市场化是文创产品项目运营的基本原则。博物馆文创产品开发运营的资金来源于市场，要遵循市场原则、参与市场竞争，进而获取市场收益。最后，"产品"属性决定了文创产品应具备商品要素。博物馆文创产品区别于文化旅游纪念品的标志是在其"商品"属性，资金来源于财政而开发的博物馆"文创产品"仅作为纪念品进行馆际交流，不能进行经营销售，即便产生了"收益"，其"收益"也必须上缴财政，如遇销售情况不佳等状况，博物馆还将面临国有资产流失的问责风险，因此，博物馆文创产品往往采用市场化运作，文创产品必须具备商品要素，而不是未经市场检验的"盆景式"文化作品。

第四节
博物馆文创产品分类

博物馆文创产品品类丰富，形式多样，涉及生活的各个方面，具体看有以下多种品类：如文物复仿制品、文具办公用品、家居装饰品、服饰配饰品、儿童教育产品、艺术及手工艺品、纪念品礼品、食品饮品、数字科技产品、书籍等。而对博物馆文创产品类别进行细分，可以从产品主题、形态、功能、材质、创意来源、受众、价值等多个方面进行。

一、产品主题分类法

按主题分类，博物馆文创产品可分为历史主题、艺术主题、自然主题、科技主题等。博物馆文创产品主题的选择，主要参考博物馆类型和馆藏内容进行确定。一是博物馆可基于场馆类型进行产品的主题细分，产品主题与场馆类型的关系非常紧密。如历史类博物馆推出的大多是历史主题文创产品，美术馆推出的大多是艺术主题文创产品，科技馆推出的大多是自然科技主题文创产品。二是综合类博物馆可基于开发主题进行细分，产品主题与馆

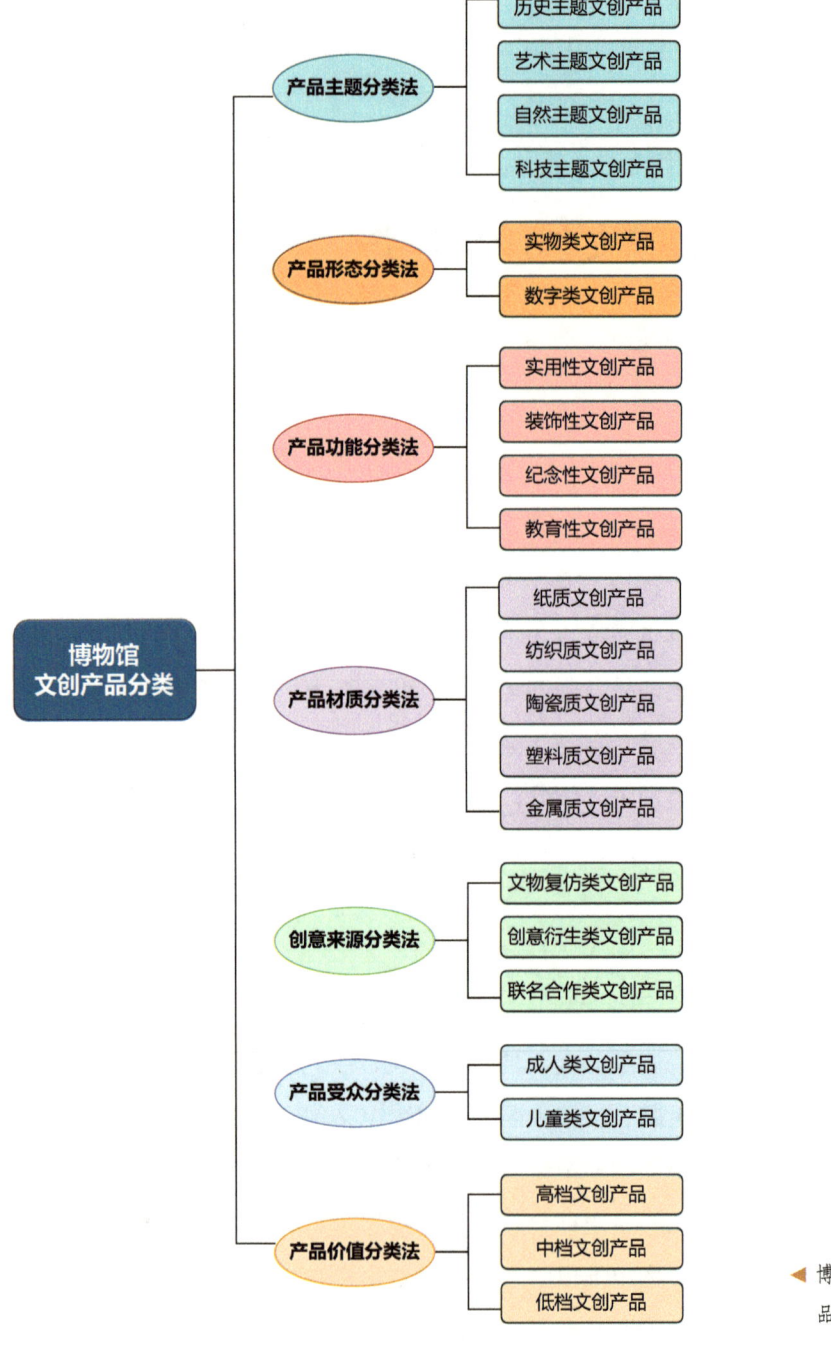

◀ 博物馆文创产品分类

藏资源关系紧密。如博物馆可开发基于馆内特定的文物史料、艺术品资源，开发侧重于历史、艺术等不同主题的文创产品。

二、产品形态分类法

按形态分类，博物馆文创产品可分为实物类文创产品和数字类文创产品。实物类文创产品是传统观念下，以产品实物为载体的博物馆文创产品。数字类文创产品是相对于传统实物类产品，采用数字技术为载体和实现形式，推出的具有博物馆文化特征的文创产品，数字文创产品相较传统实物类文创产品，具有无需大批量库存压货、资金流动性好等优势，目前已被年轻的消费群体广泛接受。

三、产品功能分类法

按功能分类，博物馆文创产品可分为实用性文创产品、装饰性文创产品、纪念性文创产品、教育性文创产品等。该类别着眼于产品的功能定位和市场用途，将购买文创产品的用途进行细分，如文具办公用品、服饰配饰等多用于日常生活使用，强调产品的实用价值功能；家居装饰品、艺术品及手工艺制品多用于装饰美化环境使用，强调产品的审美性功能；纪念品、礼品、文物复仿制品多用于收藏纪念使用，强调产品的纪念怀念功能；儿童教育产品等多用于社会教育使用，强调产品的知识教育功能。一款文创产品可以同时具有实用性、装饰性、纪念性、教育性等多种功能，统一于文创产品本身，而非非此即彼的互斥关系。

四、产品材质分类法

按材质分类,博物馆文创产品可分为纸质文创产品、纺织质文创产品、陶瓷质文创产品、塑料质文创产品、金属质文创产品等。博物馆文创产品根据不同的产品品类选取不同的材质,如书籍、手办、邮品等为纸质文创产品,衣服、鞋帽、围巾、丝巾等为纺织质文创产品,餐具等多为陶瓷质文创产品,文具办公用品、儿童教育用品等多为塑料质文创产品,冰箱贴、徽章纪念章等多为金属质文创产品。博物馆文创产品研发人员根据文创产品品类、制作成本等因素选定相应的产品材质。

五、创意来源分类法

按创意来源分类,博物馆文创产品可分为馆藏复制品、创意衍生品、联名合作品等。馆藏复制品文创产品是博物馆基于馆藏文物资源,通过产品翻模、等比缩小等手段,复制仿制文物,进行经营售卖以达到教育传播的目的的产品。馆藏复制品是博物馆文创产品的早期形态,其创意元素呈现较少,多作为艺术品纪念品进行陈列展示,如兵马俑、铜车马等复制类产品。创意衍生品是当下博物馆文创产品的主要形式,产品通过集聚文化要素、创意要素、商品要素,从而实现将博物馆文化"带回家"的重要职能。联名合作品是博物馆与知名品牌联合打造的创意产品,通过博物馆向知名品牌授权 IP 资源,让博物馆文化为知名品牌商品进行文化赋能,从而实现博物馆与知名品牌共赢的传播效果。

六、产品受众分类法

按受众分类,博物馆文创产品可分为成人类文创产品、儿童类文创产品等。该分类方法更注重产品的受众定位，即在产品研发阶段，研判分析产品的受众群体，进行精准施策，以达到最佳的教育传播效果。如革命类纪念馆在研发文创产品时，要基于产品受众进行有针对性的策划：面对中小学生人群，强调寓教于乐，感受红色文化。应注重文创产品的知识性、故事性、趣味性，通过寓教于乐、沉浸式、代入感强的教育方式，让红色文化不再是抽象的代名词，让受众知道革命精神是真实的，更是具体的。面对大学生人群，强调守正创新，赓续红色精神。研发文创产品时，应注重对革命精神的思辨与理解。大学生是充满活力、激情、想象力的群体，回望红色文化的发展历程，五四运动、一二·九运动都少不了他们的身影，大学生作为新时代中国特色社会主义的建设者和接班人，要让红色精神内化于心，更要外化于行。面对企事业单位职员人群，强调躬身实干，践行红色精神。突出文创产品中革命精神联系工作实际的作用，牢记初心使命，坚定理想信念，要在学习中领悟中国共产党人精神谱系的丰富内涵和时代意义，让红色文创产品成为政治引领、思想淬炼、精神洗礼的重要着力点。面对普通群众，强调普及推广，传承红色文化。普通群众是红色教育最大的受众群体，研发文创产品时应以朴实的语言、真挚的感情、接地气的传播方式，让红色文化走进人民生活之中。革命年代虽已远去，但革命精神永不褪色，依旧焕发着时代的光彩。

七、产品价值分类法

按价值分类，博物馆文创产品可分为高、中、低三档位产品。受制作成本、材质工艺、销售价格、产品定位、使用场景等因素影响，博物馆文创产品可划分不同价格档位。高档位文创产品单价在千余元以上，产品选取贵重材料、复杂工艺、人工订制、限量发售等制作或营销方式，产品单品制作成本较高，因此多用于馈赠亲友或纪念收藏之用。中档位文创产品单价在千元以内，拥有一定教育、审美价值，产品既要具有一定档次、品质，又要让消费者买得起。低档博物馆文创产品单价多在几十元以内，注重产品文化传播的受众范围和覆盖面，产品以快消品居多，产品受众多为不具备独立经济能力的学生群体。博物馆作为公共文化产品供给机构，受机构公益性、均等性观念影响，产品定价应多选取中、低档价位，以推动博物馆文化的传承发展。

第二章 博物馆文创产品项目运营政策解读

一款博物馆文创产品的问世,是建立在科学合理的博物馆项目运营基础上的,而运营模式又是需要在合规合法的政策背景下构建的。本章首先解析博物馆文创产品项目运营的实施困境。其次,梳理近十年来我国博物馆文创产品发展的政策背景,辨析中央、地方各项政策的基本内容与重要意义。再次,对博物馆文创产品行业管理者、政策制定者提供参考借鉴,思考如何打通博物馆文创产品项目运营在体制机制上的"最后一公里"。最后,论证博物馆文创产品项目市场化运营的实施依据与意义,解决推进博物馆文创产品项目运营体制机制创新上的后顾之忧。

第一节
博物馆文创产品项目运营实施困境

随着"博物馆热"持续升温,社会公众对高品质博物馆文创产品的需求与日俱增。由于博物馆文创产品项目运营属于经营性文化产业,这让占据绝对主流的一些公益类博物馆在文创产品项目运营的体制机制选择上面临极大困难,近年来中央、地方出台了一系列推动博物馆文创经营的相关政策,为推动博物馆文创产业发展,进而盘活文物单位馆藏资源,满足人民群众文化需求,发挥了积极作用。

一、社会公众对博物馆文化需求持续高涨

随着人民生活水平的不断提高,社会公众对博物馆的文化需求也在逐步增长,主要体现在以下四个方面:一是对供给量的需求。"博物馆热"现象的出现极大释放了人民群众对博物馆的文化需求,到一个地点旅游打卡当地博物馆已成为旅行中的规定动作,每年暑期北京地区的知名博物馆一票难求就是最好表征。二是对品质感的需求。除了对供给量的需求外,对博物馆供给文化

服务品质的要求也有所提升，人民群众走的博物馆多了，不同博物馆提供的服务之间的比较便有了差异，优质的文化体验一定会对博物馆起到正向促进作用。三是对多样化的需求。如今的博物馆逐步被打造为城市的"文化会客厅"，不再仅承担收藏、保护、研究、展示、教育的职能，与之相配套的餐饮、娱乐、消费也将成为未来博物馆文化服务的一部分。四是对时代性的需求。博物馆传统的文化传播渠道主要依赖展览展示，形式单一、体验一般，如今博物馆可供传播文化的载体渠道更为丰富，微信、微博等博物馆自媒体、短视频、数字沉浸式展览、博物馆 App 等是当下时兴和受年轻人追捧的文化接受方式，博物馆应积极布局，及时跟进。相较于传统依靠财政拨款的博物馆公共服务，市场化运营手段为加强博物馆文化供给开辟了广阔前景。

二、文创产品项目运营体制机制运行不畅

2011年，《中共中央国务院关于分类推进事业单位改革的指导意见》（中发〔2011〕5号）中提出"政事分开""事企分开"和"管办分离"的原则，并根据事业单位的社会功能将事业单位划分为"承担行政职能、从事公益服务及从事生产经营"三类。[①] 公益类事业单位面向社会提供公益服务或为政府行使职能提供支持保障，基于能否由市场配置资源为标准，又进一步将公益性事业单位细分为公益一类事业单位和公益二类事业单位。在我国，博物馆大多属于国家开办的向社会公众提供基本公共文化服务的文化设施，且由于意识形态特殊性，博物馆多被确定为公益一类事业单位，少数被确定为公益二类事业单位。

[①]《中共中央国务院关于分类推进事业单位改革的指导意见》，《新华每日电讯》2012年4月17日，第1版。

博物馆的公益属性，特别是公益一类事业单位性质，让博物馆推动文创产品项目运营时举步维艰。公益一类事业单位业务活动的宗旨目标及内容、分配方式和标准等由国家确定，明确不得从事经营活动，其经费需由国家财政予以支撑；履行职责依法取得的收入要上缴国库或财政专户，实行"收支两条线"管理。公益一类博物馆在产业经营实践上无法产生"收入"，更无法对"收入"进行"分配"，直接在政策层面关闭了博物馆文创产品项目运营的大门。数据显示，2019年国有博物馆占全国博物馆总数的七成，而在我国国有博物馆中，公益一类博物馆又占据绝对主流。因此，全国范围内博物馆文化产业经营受阻现象普遍，基层博物馆工作人员畏首畏尾、瞻前顾后，导致业务停滞不前，人民群众的博物馆文化诉求无法得到有效满足。基于上述博物馆体制机制的限制，文创产品项目运营面临着实际困难：创新动力层面，产业收益无法分配，从业人员积极性难以调动。"收支两条线"管理意味着国有博物馆的经营收入应全部上缴同级财政。虽然从根本上保障博物馆的公益性质，但从博物馆经营合理适度发展的角度看，存在的问题也很明显，最直接的表现是经营的动力略显不足。[①]文化产业经营与公共文化服务的本质区别是是否要参与市场竞争，博物馆文创产品项目运营人员面临更大的工作压力和付出，但现有博物馆经营体制机制无法实现按劳分配，无法在工资待遇方面给予正向激励。因此，从业人员的创新动力与工作意愿无从保证，必然影响博物馆文创产品项目运营经济效益与社会效益的溢出。

[①] 张舜玺：《国有博物馆经营体制机制改革研究》，《中国博物馆》2019年第4期。

第二节
博物馆文创产品项目运营政策解析

国家层面，为破除博物馆文创产品项目运营的体制机制瓶颈，国家文旅部门先后出台政策，2016年印发《国务院办公厅转发文化部等部门关于推动文化文物单位文化创意产品开发若干意见的通知》（国办发〔2016〕36号）（以下简称"36号文"，全文见附录1）和2021年印发《关于印发〈关于进一步推动文化文物单位文化创意产品开发的若干措施〉的通知》（文旅资源发〔2021〕85号）（以下简称"85号文"，全文见附录2），一定程度上为博物馆文创产品项目运营开了政策"口子"。"36号文"对我国博物馆文创产品项目运营体制机制创新起到了划时代的意义，故宫博物院、中国国家博物馆、文化和旅游部恭王府博物馆、上海博物馆等文旅部门下属的博物馆文创产品项目运营逐步合理化，文创产品迎来了前所未有的发展机遇。

一、《国务院办公厅转发文化部等部门关于推动文化文物单位文化创意产品开发若干意见的通知》（国办发〔2016〕36号）

（一）创新举措

"36号文"明确指出，文化文物单位在依托馆藏资源基础上，推进博物馆文化创意产品开发，在继续坚持把社会效益放在首位，实现社会效益与经济效益相统一的基础上，突出发展博物馆文化产业，实现增加收入，确保文化产品文化价值与实用价值的有机结合。"36号文"提出：充分调动文化文物单位、发挥各类市场主体作用、加强文化资源梳理与共享、提升文化创意产品开发水平、完善文化创意产品营销体系、加强文化创意品牌建设和保护、促进文化创意产品开发的跨界融合等七大任务。在颇具亮点的支持政策和保障措施上，在推动体制机制创新、稳步推进试点工作、落实完善支持政策、加强支撑平台建设、强化人才培养和扶持、加强组织实施等方面体现了国家文旅部门为推动博物馆文创产业，作出的重要调整与大胆尝试，对推动博物馆文创产品项目运营工作起到了划时代作用，主要体现在以下六个方面。

第一，发挥市场主体，指导文创开发。在我国，文化作为意识形态的重要组成部分，一直受到政府的高度重视。随着改革开放红利日益凸显，部分经营性文化事业单位转企改制，文化的商品属性逐步显现。文创产品作为特殊的"精神产品"，在产品的开发和营销上，不仅需注重对产品所含意识形态的把握，更需要符合市场规律，推出能满足消费者需求，适销对路，可填补市场空白的"创意产品"。故此，应发挥各类市场主体作用。作为向社会提供公共文化服务的博物馆，在体制机制与资金投入的灵活度、应对市场变化敏感度等方面，均不能与文化创意企业相比，发挥博物馆在文物馆藏、史学研究等领域的文化资源方面优势，将事业体制不擅长的营销推广、品牌经营等工作交给市场，充分激发市场主体参与公共文化服务的热情，并推动形成文化事业与文化产业双赢、社会效益与经济效益双丰收。在文化投融资方面，丰富社会资本参与文创产品开发投入形式，鼓励开展众创、众包、众服等多种形式；在文创产品开发与经营方面，鼓励企业采取限量复制、加盟制造、委托代理等方式与博物馆展开深度合作。打破传统机制，由博物馆全包开发文创产品工作转变为充分调动市场主体热情，通过多种形式吸纳社会资本参与文创产品开发中来，为文博事业注入新的活力。由此可见，"36号文"对繁荣社会主义文化、推动博物馆文化产品开发、深入践行"将博物馆带回家"起到了积极作用。

  第二，深挖文化资源，促进跨界融合。博物馆拥有丰富的文物馆藏及史料研究成果，博物馆的文化资源之"博"无可非议。一件受消费者欢迎的文化产品，必然需要有深厚的文化资源作为"魂"来支撑。"文化资源"与"文化产品"需要有"创意"作为"桥梁"来连接。创意与文化资源的结合是否巧妙，是建立在大量文化资源深挖与整合基础之上的，也是能否开发出"爆款"文化产品的前提条件，故宫博物院推出的"话题性文创产品"就是深挖文化资源的最好例证。文创产业是一个多学科交叉性非常强的新兴业态，它的产生与发展建立在各相关产业融合发展的基础之上。文创产业的跨界融合既可以有产业间的融合，如文化与旅游产业融合的"旅游业2.0时代"，文化与科技融合的影视传媒产业，文化与农业融合的现代农业等；又有文创产业内的细分产业融合，如当下方兴未艾的"互联网+"与影视、出版、广电产业的融合等。放眼文创开发，博物馆依然需要根植丰富的馆藏资源，深挖其背后的文化故事，以严谨的学术态度研究文化，用娱乐理念创意文化，借科技手段传播文化。归纳提取博物馆独具代表性的文化符号，打破将文化创意产品等同于旅游纪念品的狭隘理解，形成文化创意产品与互联网、影视作品、图书出版、游戏动漫的融合与延伸，完善博物馆文化创意产品的产业链条，形成文创产品与博物馆史料研究、文物收藏、社会教育、展示陈列的良性互动，推出一批文化深厚、寓教于乐、科技感强、互动性好的博物馆文创产品。

第三，区别公益经营，推行事企分开。博物馆作为政府向社会公众提供公共文化服务的重要载体，公益文化事业属性一直是博物馆的重要标签。公益性文化事业是国家为了社会公益目的、由国家机关或社会兴办的面向全体公民的非营利性的文化事业组织及其场所和所开展的各项活动。在经费上，文化事业依托政府财政拨款维持日常运营。经营性的文化产业是从事文化生产和提供文化服务的经营性活动，是相对于文化事业的概念而说的，经费来源于社会团体及个人，在注重社会效益的同时，较为注重经济效益的产出，多以企业作为市场主体参与社会竞争。博物馆作为向社会群众提供公共文化服务的公益性机构，在当前国家大力发展文化产业的时代背景下，如何在公益性文化单位中搞好产业经营成为亟须解决的问题。"36号文"中明确提出"事企分开"便是解决当前体制壁垒的重要途径。在博物馆运营中，可通过下设企业或与市场中现有从事文创活动的企业展开合作，将博物馆事业的公益属性与企业的经营属性分离，在不影响现有博物馆运营体制机制的基础上，既保持了博物馆作为研究、收藏、展示机构的文化事业属性，又借力企业相较于事业单位对市场拥有更灵活的应对机制，完成博物馆文化创意产品的营销、经营，繁荣了"博物馆文化经济"。

第四，灵活用人方式，鼓励企业兼职。体制机制的转换和创新，主要体现在对"人""财""物"的管理上，其中对人的管理又被放在首位。目前，中央为加强对领导干部的管理及防止腐败案件的发生，对领导干部的任职等事项进行有效监管。2013年

10月，经中共中央批准，中央组织部发出通知，印发《关于进一步规范党政领导干部在企业兼职（任职）问题的意见》（以下简称《领导干部兼职意见》），重在规范和指导体制内党政领导干部在企业兼职的行为及合规取酬问题。文化部、发改委、财政部、国家文物局四部委联合印发的"36号文"参照《领导干部意见》，创新博物馆对领导干部及技术人员的管理模式，开拓性指出，"试点单位具备相关知识和技能的人员在履行岗位职责、完成本职工作的前提下，经单位批准，可以兼职到本单位附属企业或合作设立的企业从事文化创意产品开发经营活动"。博物馆与文创开发企业合作开发产品且为两个相对独立的主体，为开发出依托博物馆馆藏并体现地方文化资源的产品，需有博物馆相关的研究、文创开发等人员到企业兼职配合研发，确保文创产品开发的政治性、方向性不跑偏。由此可见，博物馆从业人员在文创产品开发企业兼职，对文创产品项目运营具有很大帮助。从实际操作层面上看，各博物馆在文创产品开发工作中，多成立单独的产业部或设置产业部相应职责的岗位，由专人负责文创产品的开发。但因博物馆文创产品的文化元素选取还需有专业的史学研究、文物保管等相关部门的学术支持，产品开发从业者并不能独立完成产品开发工作，仍需依托博物馆各部门通力配合，才能完成该项工作。从博物馆内分工看，史学研究及文物保管等技术人员主要工作是策划展览，协助开发博物馆文创产品并不是其主要工作内容，这往往会引起博物馆内部职责分工不清、职工多劳并不多得的问题出现。"36号文"提出的将博物馆从业人员兼职到企业作为解决路径，很好地规避了分工不清的问题，"兼职"的定性明确了博物馆文创产品开发中的用人方式，也为兼职工作取得相应劳动报酬提供了有规可依的根据。

  第五，完善激励机制，调动创新热情。释放体制机制的活力，最有效的方式就是完善激励机制。部分国有文化事业单位转企改制，已经让我们品尝到了文化体制机制创新给我们带来的红利，激励机制的完善不仅盘活了当时部分在市场竞争大潮中已逐渐失去文化宣传话语权的事业单位，更为那些相关从业人员注入了干事创业的热情，带来了个人经济收入的提升。按图索骥，博物馆文创产品项目运营与过去经营性事业单位的工作性质具有一定相似度，即要参与市场竞争，推出符合市场需求的产品及服务。打破原有体制内"铁饭碗""不劳不少得、多劳不多得"的现实境况，甚至可在保障现有收入的情况下，开辟、丰富博物馆文创产品开发从业人员的工作激励模式，充分调动其工作热情，转变以往对文化事业单位养尊处优的工作状态的传统认知，通过打破既有"游戏规则"，从而实现繁荣社会主义文化、增加博物馆文化产业收益、提升从业人员收入状况的多重目的。故此，"36号文"指出："参照激励科技人员创新创业的有关政策完善引导扶持激励机制。探索将试点单位绩效工资总量核定与文化创意产品开发业绩挂钩，文创产品开发取得明显成效的单位可适当增加绩效工资总量，并可在绩效工资总量中对在开发设计、经营管理等方面作出重要贡献的人员按规定予以奖励。"

第六，加强平台支撑，优化人才培养。宏观、科学规划博物馆文化创意产品开发工作，完善全产业链条的平台支撑，文创产品开发并不是单一的图案设计，上游需要有资本、史学研究等专业及要素支持，下游更需要在跨文化及跨媒体融合、产品营销推广、版权保护与交易等诸多领域给予帮助。博物馆文创产品项目运营不能拘泥于传统"旅游纪念品"的固有形式，而是需要融合互联网思维，形成涵盖文创衍生产品、影视作品、动漫游戏、书籍出版等的"文化产品组合拳"。摒弃博物馆文创产品在博物馆销售的传统思想，让产品走出博物馆，积极参与文创产品推介会、展示会、交易博览会，为文创产品营销推广创造条件，深入推进由卖产品实物，向卖版权、创意符号、文化IP方向转变。文创产品的竞争归根到底是文化创意人才的比拼。博物馆文创产品开发需要的是复合型人才，不仅需了解产品背后的文化元素与文化渊源，深谙文创产品的开发规律，更需要懂得市场营销及推广，养成关注流行话题的好习惯，适时推出引领话题的文化IP，助推产品销售推广。与此同时，加强博物馆、企业、高校多维联动，完善产学研人才培养机制，提高人才培养的针对性，增强人才对岗位的适应度。

（二）提升方向

"36号文"的出台给全国博物馆文创工作者注入了一针强心剂，随着体制机制的创新，博物馆收入分配制度的调整，人事政策的优化，博物馆文化创意产品必将迎来快速发展的机遇期。但笔者作为一名博物馆文创产品开发的从业者，对行业前景信心满满的同时，在操作层面，对"36号文"的落地执行，认为当前有以下两个问题亟须解决：首先，"36号文"政策落地，需要人社、财政、文化等相关部门协同指明发展路径；其次，激励机制与分配比例尚缺标准，不利于"36号文"的落地执行。

首先，政策协同，规章统一。"36号文"的落地执行，并不是单纯文物部门，乃至文旅部门的责任，更需要国家各部门在不同领域进行政策支持。以博物馆文创产品开发工作为例，不仅在业务上需要文化和旅游部、国家文物局等文化部门在政策上的引导，更需要国家主管人事工作的人力资源和社会保障部门确定博物馆文创工作人员安排及待遇设置方案，需要主管博物馆事业编制的各级机构编制委员会办公室确定事业编和企业岗位的比例与职数，需要主管事业单位财政拨款的财政部门确定拨款金额及收益上缴金额，需要主管央企、国企的国有资产监督管理委员会加强对博物馆下属自办企业的日常运营及管理等。相关部门需认可"36号文"配套的实施细则，统一执行标准，避免文化部门与人社、财政等部门各自为政，互不认可对方制定的规章等乱象出现，这就需要各级政府在落实"36号文"工作中应高瞻远瞩、总揽全局，以宏观视野来推动博物馆文创产业转型升级。

其次，细则待补，标准缺失。事物的判断不仅需要定性的辨别，更需要定量的把握。"36号文"中明确了体制机制创新的方向和路径，但对博物馆文创工作实际开展的指导意见并无提及，特别是对与体制机制密切相关的职工待遇、激励机制及到企业兼职等问题的标准和细则缺失，对"36号文"的落地执行造成了一定困扰。在当前党和国家严厉打击党政领导干部贪污腐化、在企业中违规兼职（任职）取酬等问题的时代背景下，如何在充分调动一线博物馆文创开发工作人员创新积极性的同时，保障其合法收入，又能在激励措施中避免各类贪腐问题，这将是一个极难拿捏的课题，需要相关主管部门根据现有的政策及党纪党规，结合各地博物馆文创产业发展的实际情况，在深入工作及经验总结的基础上，制定与"36号文"相应的落地细则与执行标准。届时，着眼宏观的"36号文"与落实执行的细则标准互为补充、相得益彰，才能为促进博物馆文创产品开发工作提供政策与制度保障。

二、《关于印发〈关于进一步推动文化文物单位文化创意产品开发的若干措施〉的通知》（文旅资源发〔2021〕85号）

"85号文"可以看作是为推动博物馆文创产品发展，在"36号文"基础上的继续深化。其中以下几点内容值得关注：一是加强馆属企业的监督管理。"85号文"指出："试点单位按要求将企业国有资本纳入党政机关、事业单位经营性国有资产集中统一监管体系。"二是打消公益一类博物馆成立企业的后顾之忧。"加强跨部门协同，积极研究、推进解决试点单位投资设立企业过程中遇到的障碍和困难，推动构建科学有效的容错纠错机制，鼓励试点单位积极作为、先行先试。"三是创新工作机制，加强试点单位工作成效评估。"36号文"出台之后，国家文物局公布了92家文博单位成为全国博物馆文化创意产品开发试点单位，由于各地政策落实效果不一，文创试点单位的成效难以评估。因此，需"建立试点单位文化创意产品开发工作成效评估机制，定期公布评估结果，并根据评估结果对试点单位实行'有进有出'的动态管理。"2022年5月，文化和旅游部资源开发司下发《关于开展文化创意产品开发试点单位工作信息调研的函》，对试点单位相关工作信息进行调研，以提高评估工作的针对性和科学性，调研数据作为确定评估工作量化指标的重要参考，此后资源开发司委托复旦大学等研究机构对数据进行分析，并于2024年完成了相关工作。

国内主要文化文物单位文创产品相关政策情况

时间	级别/地区	政策名称	发文部门数量
2016.5	国家级	《国务院办公厅转发文化部等部门关于推动文化文物单位文化创意产品开发若干意见的通知》（"36号文"）	4
2021.8	国家级	《关于印发〈关于进一步推动文化文物单位文化创意产品开发的若干措施〉的通知》（"85号文"）	8
2019.12	省级/上海	《关于上海市文化文物单位实施文化创意产品开发收入分配激励的指导意见（试行）》	3
2022.1	省级/湖南	《关于印发〈关于进一步推进全省文化文物单位文创高质量发展的若干措施〉的通知》	5
2024.6	省级/河南	《〈关于进一步推动全省文化文物单位文化创意产品开发的若干措施〉的通知》	8

续表

时间	级别/地区	政策名称	发文部门数量
2024.12	地市级/洛阳	《关于推进试点博物馆文化创意产品开发的若干措施》	8
2025.3	省级/山东	《山东省文化文物单位实施文化创意产品开发收入分配激励的指导意见》	3
2025.3	省级/湖北	《推动湖北省文化文物单位高水平开放高质量发展若干政策措施》	4

三、地方博物馆文创产品项目运营政策解读

为配合中央印发的"36号文"和"85号文"政策落地，各地积极尝试、大胆创新，先后制定省级博物馆文创产品项目运营的实施细则。2019年12月，上海先行先试，上海市文旅局牵头，联合市人社局、市财政局印发《关于上海市文化文物单位实施文化创意产品开发收入分配激励的指导意见（试行）》，这是全国省级文旅部门推出的第一个推动博物馆文创产品项目运营的实施细则，该政策为后续上海博物馆、中共一大会址纪念馆等单位的博物馆文创"出圈"奠定了坚实的政策基础，上海也成为各省级文旅部门争相调研学习的目标榜样。各省文旅管理部门在借鉴上海文创实践的成功经验后，积极加紧实施细则的出台：2022年1月，湖南省文旅厅、省委宣传部、财政厅、人社厅、文物局联合印发《关于印发〈关于进一步推进全省文化文物单位文创高质量发展的若干措施〉的通知》；2024年6月，河南省文旅厅、省委宣传部、发改委、人社厅、国资委、市场监督管理局、文物局联合印发《〈关于进一步推动全省文化文物单位文化创意产品开发的若干措施〉的通知》；2025年3月，山东省文化和旅游厅联合省财政厅、省人力资源社会保障厅正式发布了《山东省文化文物单位实施文化创意产品开发收入分配激励的指导意见》；同月，

湖北省文化和旅游厅（省文物局）联合湖北省委宣传部、省发改委、省财政厅、省人社厅出台《推动湖北省文化文物单位高水平开放高质量发展若干政策措施》；2024年12月，洛阳市8部门联合印发《关于推进试点博物馆文化创意产品开发的若干措施》，成为地级市层面出台的推动文创产品项目运营的有力举措，博物馆文创产品项目运营实践逐渐走深走实。

（一）上海：《关于上海市文化文物单位实施文化创意产品开发收入分配激励的指导意见（试行）》

《关于上海市文化文物单位实施文化创意产品开发收入分配激励的指导意见（试行）》（以下简称"上海政策"）在"36号文"基础上进行了细化，有以下几点需要重点说明：一是明确了博物馆收入分配比例，这是省级博物馆文创项目运营实施细则的首创。"上海政策"指出："允许单位文创投资（所属企业上缴利润）知识产权（IP）授权分成的净收益用于人员激励。初定可分配比例为其上年度上述净收益的30%且人均激励最高不超过2万元。"自此，博物馆净收益的30%且人均激励最高不超过2万元，成为不少地区制定博物馆文创产品项目运营激励分配标准的参考依据。二是并未明确鼓励博物馆成立馆属企业承担文创产品项目运营。由于受公益一类博物馆不得从事经营性活动的"红线"影响，"上海政策"并没有在实施细则中鼓励博物馆成立馆属企业，"36号文""85号文"虽提出了"事企分开"的文创产品项目运营原则，但博物馆采取成立馆属企业运营或采取与合作企业共同运营都是可以选用的文创产品运维方式，因此，在"上海政策"指导下，上海文博界文创产品项目运营实践呈现出既有采用依靠馆属企业运营的经营形式，如上海博物馆，又有采用与合作企业共同运营的经营形式，如中共一大纪念馆。"上海政策"虽然在发文单位数量、政策内容等多方面都不及后出台实施细则的省份,但"上海政策"是全国首个最终落地的博物馆文创产品项目运营实施细则,具有极强的开创性、指导性和示范性。

（二）湖南：《关于印发〈关于进一步推进全省文化文物单位文创高质量发展的若干措施〉的通知》

《关于印发〈关于进一步推进全省文化文物单位文创高质量发展的若干措施〉的通知》（以下简称"湖南政策"）可以看作是在"上海政策"基础上的进一步完善优化，主要有以下创新点：一是界定开发范围。博物馆开展好文创产品项目运营工作，最先做的工作便是界定文创产品的范畴，更通俗地说就是明确博物馆文创产品业务的"经营范围"。"湖南政策"指出："基于藏品、特色资源、IP授权设计开发文化创意衍生产品，以及研学教育、专题展览、特色演艺、电影、游戏、数字化孪生应用产业等创造性劳动产品，均可界定为文化创意产品。""湖南政策"将"大文创"纳入了文创产品范畴，而非单一的博物馆传统"文创衍生产品"。之所以明确文创产品开发范围尤为关键，是因为只有界定了博物馆哪些经营性业务可以纳入文创开发范围，就意味着该项业务被纳入博物馆文创收入激励分配范畴，进而对博物馆激励分配提供参考依据。二是明确国有企业净利润分成比例。博物馆在面临巡视巡察与财务审计时，最经常被问到收费标准是如何确定的？"湖南政策"对博物馆成立馆属企业后，馆属文化企业按何种标准上缴净利润进行了明确。"对国有文化文物单位投资设立文化产业公司的，按不低于25%的比例提取公司年净利润，上交文化文物单位作为文化创意产品开发收入。"三是配套激发人才活力细则。"湖南政策"从创新人才激励政策、强化专业人才培养、优化岗位职称评价等方面进行了细化，解决了从事博物馆文创业务工作者职业晋升的后顾之忧。

（三）河南：《〈关于进一步推动全省文化文物单位文化创意产品开发的若干措施〉的通知》

《〈关于进一步推动全省文化文物单位文化创意产品开发的若干措施〉的通知》（以下简称"河南政策"）是河南省文旅部门在充分调研"上海政策""湖南政策"后，制定的省级博物馆文创产品项目运营政策，主要有以下创新点：一是联合发文部门最多。发文部门数量是省内政策是否具有落地执行力的关键，有利于降低博物馆开展文创产品项目运营后产生的后顾之忧，"河南政策"发文部门数量多于前述任何一份政策。"36号文"发文部门是4部委，"85号文"发文部门是8部委，"上海政策"是3部门联合发文，"湖南政策"是5部门联合发文，"河南政策"是8部门联合发文，已经创下省级博物馆文创产品项目运营政策发文部门数量之最。二是进一步明确文创产品范畴。"河南政策"指出：文创产品是指"基于馆内藏品、特色资源等，采取独立开发、合作、授权等多种方式，研发设计文化文物创意衍生品以及社会教育、公众研学、特别展览、内容出版、数字文创、文旅演艺、科研成果转化等文化增值服务产品。"笔者认为，"河南政策"对文创产品的定义和指向更为清晰、准确。三是打通博物馆成立企业的"最后一公里"。博物馆开展文创产品项目运营工作，必须坚持"事企分开"原则，而博物馆成立馆属企业承担市场经营职能，对提高文创工作的经营效率有着无可比拟的优势。"河南政策"指出："积极研究推进解决试点单位投资设立企业过程中遇到的障碍和困难，推动构建科学有效的容错纠错机制，鼓励试点单位积极作为、先行先试。"四是对博物馆授权内容进行明确。博物馆文创产品项目运营主要依靠博物馆文化资源的知识产权授权，而博物馆普遍对手握的"可授之权"缺少系统认识，一定程度上造成博物馆资源无法向文创收入转化的困境，因此，"河南政策"对授权内容进行了明确："鼓励试点单位使用本单位形象品牌、藏品（文物）资源和研究成果，采取内容授权、经营授权、冠名授权、品牌授权等方式开发经营文化创意产品。"

（四）山东：《山东省文化文物单位实施文化创意产品开发收入分配激励的指导意见》

《山东省文化文物单位实施文化创意产品开发收入分配激励的指导意见》（以下简称"山东政策"）是山东省在充分调研上海、湖南、河南等地政策基础上，制定的具有本省鲜明特色的指导博物馆文创产品项目运营的相关政策，其中有以下几点内容值得关注。一是试点范围"稳"字当头。"山东政策"选取馆藏资源较为丰富、管理制度较为完善的省属文化文物事业单位开展试点，首批试点单位确定山东博物馆、山东美术馆、山东省图书馆、山东省文化馆4家省直单位。山东省是文化文物资源大省，其中备案博物馆数量、国家一级博物馆数量均位列全国第一，而试点博物馆仅有山东博物馆一家，体现了山东省推进文化文物单位文创产品开发运营由点及面、逐步推进的发展思路。二是明确文创产品范畴。"山东政策"借鉴"河南政策"对文创产品进行定义，具体包括：依托单位馆藏文化文物、特色展览、研究成果及自有知识产权等资源，通过独立开发、合作开发或授权等方式开发的各类创意衍生商品；基于本单位文化文物资源、特色展览及研究成果，采取独立开发或合作开发等形式开展的图书出版、影视演艺、游戏体验等文化增值服务项目；运用非财政性资金策划实施的原创性展览或合作引进的精品展览项目；利用自有知识产权（IP）资源，面向青少年群体开发并实施的符合教育需求的创意研学活动项目；通过自营或合作方式开展的餐饮服务、文创市集、文化商店、专业讲解、教育培训等配套服务项目等。借鉴"北京政策"，"山东政策"强调对文化创意产品开发项目实行清单制管理，清单内容根据实际工作情况和相关程序进行动态调整。三是明确收入分配制度。"山东政策"采用了行业内普遍的操作方法，即在文化创意产品开发收入全部纳入预算统一管理前提下，净收益的 70% 及以上用于事业发展，净收益的 30% 及以下可用于相关人员激励。四是强调多维激励机制并行。"山东政策"借鉴"湖南政策"，提出支持试点单位合理认定文创产品开发岗位的工作业绩，将原创 IP 开发成果、市场转化效益等纳入本单位人才申报职称的评价体系，将文化创意产品设计开发人员纳入各类文化文物人才扶持计划支持范围，积极用活用好各项引智政策。

（五）湖北：《推动湖北省文化文物单位高水平开放高质量发展若干政策措施》

2025 年 3 月，湖北省文化和旅游厅（省文物局）联合湖北省委宣传部、省发改委、省财政厅、省人社厅出台《推动湖北省文化文物单位高水平开放高质量发展若干政策措施》（以下简称"湖北政策"）。"湖北政策"分三大部分共十一条。第一部分为提升开放服务品质，提出要实施荆楚文化精品陈列展示工程、打造新型消费场景、推动文化创意产品开发、延长开放时间；第二部分为健全激励机制，从规范收支管理、创新激励政策、完善内部分配机制、强化人才培育等方面提出具体措施；第三部分为加强保障支持，从加大财政资金支持、做好服务绩效评估和优化试点单位管理等方面加强实施保障。关于延长开放时间，"湖北政策"进行了明确：在寒暑假和法定节假日期间，根据公众需求，适当延长公共文化场馆开放时间。博物馆全年累计延长开放日不少于 60 天，累计延长开放时间不少于 90 小时，美术馆全年累计延长开放日不少于 40 天，累计延长开放时间不少于 40 小时，图书馆根据实际情况延长开放时间，在此基础上有序推动湖北省公共文化场馆延长开放时间常态化。"湖北政策"公布湖北省博物馆、湖北省图书馆、湖北美术馆等 11 家博物馆、图书馆、美术馆为试点单位。

（六）河南（洛阳）：《关于推进试点博物馆文化创意产品开发的若干措施》

《关于推进试点博物馆文化创意产品开发的若干措施》（以下简称"洛阳政策"）是落实"河南政策"，联合 8 部门制定的推动博物馆文创产品开发运营的有力措施。"洛阳政策"围绕坚持社会效益优先、改革创新运营模式、创新人才管理模式、健全完善激励机制、强化保障措施 5 个方面，提出了 15 条具体举措。其中，明确以洛阳博物馆、二里头夏都遗址博物馆、洛阳古墓博物馆、隋唐大运河文化博物馆、洛阳民俗博物馆等 5 家博物馆为试点，在设立经营主体、健全收入管理、完善激励机制、加强人才培养等方面先行先试，积极探索科学有效的博物馆运营"洛阳模式"。提出鼓励博物馆推广"以需定供"的互动式、菜单式服务模式，举办群众喜闻乐见的展览；设立多元化经营主体，采取独立开发、合作、授权等方式，研发设计文化文物创意衍生品以及社会教育、公共研学、特别展览、数字文创、文旅演艺、科研成果转化等文化增值服务产品；在保持博物馆公益性的基础上，充分利用形象品牌、场地空间、藏品资源和研究成果等，推动博物馆与商贸、美食、旅游等跨界融合，将博物馆打造成具有深度体验感的文旅目的地，实现博物馆可持续发展与服务质量提升的双赢。制定了文化创意产品开发项目收入清单，明确了文化创意产品的范畴，为落实奖励机制提供核算依据；规定了文化创意产品开发收入的用途和分配比例；明确了博物馆运营绩效评估部门，以多部门齐抓共管保障政策落实落地。市文物局将会同市财政局、市人社局，对博物馆运营工作情况进行评估，并根据评估成效，对试点单位名单进行动态调整。

从上述博物馆文创产品项目运营政策的发展演变可以看出政策的出台遵循着从宏观到微观、从政策导向到实施细则的制定规律：参与政策制定签发的部门愈来愈多，配套政策越来越细，文创产品定义界定越发清晰准确。我们也发现在国家文旅管理部门的强力推动下，越来越多的省份和地级市文旅管理部门愈发重视博物馆文创产品项目运营工作，纷纷加入解决基层博物馆文创产品项目运营的难点、堵点、卡点上来，形成了"国家级—省级—地市级"文创政策的"三级联动"，政策细则愈发明晰，指导性越来越强，博物馆文创产品项目市场化运营未来可期。

第三节
博物馆文创产品项目运营政策建议

博物馆文创产品项目运营面临巨大的机遇与挑战,机遇是人民群众日益增长的博物馆文化需求,挑战是作为我国博物馆主体的公益类博物馆如何破除不得从事经营性活动的体制机制制约,通过出台细化新政策,打通博物馆文创产品项目运营的难点、堵点、卡点。具体来看,公益一类博物馆不得从事经营性活动的传统观念一直左右着基层博物馆的管理决策者,特别是上级主管单位为非文旅部门的博物馆,难以遵照上述文件精神开展博物馆文创产品项目运营,从而形成了文旅部门下属的博物馆机构文创产品项目运营实践风生水起、成果喜人,而非文旅部门下属的博物馆机构文创产品项目运营陷入左顾右盼、徘徊不前的两种迥然不同的现实情况。为推动博物馆文创产品项目运营政策顺利实施,行业主管部门需要做好两项工作:一是确保博物馆收入分配合理、合法;二是国家政策与地方实施细则配套落地。

一、博物馆收入分配合理合法是破除政策壁垒的关键

文化文博行业主管部门作为博物馆文创产品项目运营业务的指导单位，面对当前文创产品经营面临的困难，需明晰博物馆经营在体制机制上遇到的堵点、卡点，重点是确保博物馆文创产品运营的收入分配政策的合理合法化，并进行精准施策。对博物馆文创产品项目运营来说，收入政策与分配政策同等重要，博物馆获取文创收入是开展激励分配的前提，博物馆从业人员获取激励分配是提升文创收入的动力。

为此，笔者进行了一些调查研究，后发现博物馆文创产品项目运营与过去文化体制改革的经营性文化事业单位转企改制具有诸多相似性，但在覆盖范围、经营产值、社会影响三个方面存在较大差异，直接影响了政策出台力度和社会关注程度。首先，在运营的覆盖范围上，博物馆文创产品运营仅局限于公共文化领域内的博物馆板块，覆盖行业面较窄。其次，在运营的经营产值上，由于博物馆文创产品仅作为盘活博物馆馆藏文化资源的手段，博物馆的文化事业单位属性并不改变，公共服务市场化后的博物馆在经营产值与改制后的文化企业产值无法比拟，政府管理部门推行改革的积极性也将受到一定影响。最后，博物馆文创产品项目运营仅作为博物馆公共服务体系的补充，是否运用市场化手段进行改革创新对文化供给不会产生变革性影响。综上所述，目前政府管理部门为博物馆文创产品项目运营推翻公益一类事业单位不得从事经营性活动的政策法规难度颇大，因此，由国家文旅主管部门出台指导性意见政策，推动博物馆文创产品项目运营工作，具有现实可操作价值。

（一）文创收入是开展激励分配的前提

博物馆为推动好文创产品项目运营工作，首先要解决文创收

入的合理合法问题。"收入"是"分配"的前提，对于带有公益属性的博物馆机构而言，必须先处理好"收入"合法化的问题。在我国，博物馆机构多是国有资金开办的文化事业单位，并细分为公益一类（或称全额拨款）博物馆、公益二类（或称差额拨款）博物馆、公益三类（或称自筹自支）博物馆，公益二类博物馆、公益三类博物馆可以从事经营性活动，参与市场竞争获取经营"收入"并不存在体制机制壁垒。而在国有博物馆占比较高的公益一类博物馆在开展文创产品经营时，受公益一类事业单位不得从事经营性活动制约，行业实践推进缓慢。因此，打通博物馆文创产品项目运维实现"收入"功能的卡点、堵点、难点，尤为关键。

（二）激励分配是提升文创收入的动力

博物馆为推动好文创产品项目运营工作，其次要解决激励分配的合理合法问题。"分配"是"收入"的重要目的。当前公益一类博物馆实行"收支两条线"的财政政策，缺少收入返还机制，博物馆文创产品项目运营即便产生了经营性"收入"，也必须全额上缴财政，严重打击了基层博物馆及相关人员的工作积极性。具体体现在：一是博物馆机构创新动力不强。在现有运行机制下，博物馆承担着"收费经手人"的角色，通过活化馆藏资源产生的经营性收入必须全额上交，博物馆无法实现支配使用权利，但经营性活动产生的"风险点"却成为博物馆机构难以回避的问题，因此，部分博物馆机构开展文创产品项目运营的主观意愿不强。二是博物馆从业者干事创业热情不高。由于博物馆文创产品项目运营必须参与市场竞争，博物馆文创工作从业者为社会公众提供差异化、定制化的博物馆精神文化产品时必须付出更多的劳动，相应地博物馆文创从业人员也应得到更多的劳动激励报酬，然而基层博物馆面临的现实是公益一类博物馆无法获取市场化"收入"，或是在政策支持下，博物馆获取"收入"后难以进行激励分配,从而挫伤了博物馆文创项目运营一线人员的工作积极性。

二、国家政策与省级实施细则配套落地

指导博物馆文创产品项目运营实践的"36号文"已经发布实施近十年,文化和旅游部先后完成了稳步推进工作试点、搭建展示交流平台、举办业务培训、落实试点成效评估等工作,上海、湖南、河南、北京、山东、湖北等地业已进行了积极探索,结出了令人瞩目的硕果,因此,推动国家文创产品项目运营政策与地方博物馆文创产品运营实施细则配套落地,特别是推出强有力的省级博物馆文创产品运营政策显得尤为关键。本书提出应从以下四个方面落实,供省级文旅管理部门参考。

(一)增加省级联合发文部门数量

博物馆文创产品项目运营政策涉及业务范围极广,除文化和文物部门外,人事、财务、国有资产管理、市场监管等部门均应参与,以更好解决博物馆在开展文创产品项目运营业务后,接受巡视、巡查、审计的后顾之忧。以"河南政策"为例,发文单位包括河南省文化和旅游厅、中共河南省委宣传部、河南省发展和改革委员会、河南省财政厅、河南省人力资源和社会保障厅、河南省人民政府国有资产监督管理委员会、河南省市场监督管理局、河南省文物局共8个部门,很好地起到了项目实施的政策保障作用。与之相反的是,某省份文旅部门在"85号文"出台后,随即也曾制定出台省内适用于试点单位的实施细则,并借鉴"上海政策",明确提出文创净收益的30%可用于从业人员的激励分配,但由于联合发文部门太少,该政策变成了事实上的"一纸空文",鲜有试点单位跟进落实。

（二）提升省级政策文件审批规格

博物馆文创产品项目运营体制机制存在难点、堵点、卡点，主要症结在于博物馆机构担心执行文旅部门牵头出台的"36号文"与"85号文"后，巡视巡察与审计部门对博物馆依旧按照公益一类博物馆不得从事经营性活动的标准开展工作，博物馆文创产品项目运营面临整改风险，究其原因，是因省级博物馆文创政策文件审批规格还有待提高。在此，"北京政策"经验值得借鉴：2024年11月，北京市委全面深化改革委员会召开第十二次会议，审议通过了《关于深化文化文物单位改革的实施意见》，中央政治局委员、北京市委书记、市委全面深化改革委员会主任尹力主持会议。省委主要负责同志若对博物馆文创产品项目运营体制机制改革进行批示，凡是纳入政策实施细则的条款与工作路径，将被认定为"合理合法"，大大降低了博物馆机构在开展文创产品项目运营实践上的试错风险，解决基层博物馆管理者的后顾之忧。

（三）征求场馆上级单位实施意见

我国公益一类博物馆归口复杂，文化文物部门仅对相关博物馆有行业指导职能，而不具有行政管理职能。因此，博物馆在落实"36号文""85号文"文件精神时认定标准不一，进而导致文创产品项目运营效果差异巨大。"北京政策"的制定过程可以提供借鉴作用：2024年9月，北京市文物局牵头组织北京政策研讨会顺利召开，研讨会邀请了北京市属非文物系统内的公益一类博物馆领导，并委托相关博物馆邀请各自上级主管部门领导参会，其中受邀的相关单位中，中国人民抗日战争纪念馆、中国共产党北京早期活动纪念馆的上级主管单位为北京市委宣传部，国家自然博物馆、北京天文馆的上级主管单位是北京市科学技术研究院，中国园林博物馆的上级主管单位是北京市公园管理中心，基层博物馆管理者与其上级主管单位负责人共同参会,强化了博物馆上级主管单位对政策的认可度,有利于推动博物馆文创产品项目运营政策与实践的落地实施。

(四)加强监管构建进入退出机制

博物馆文创产品项目运营行政管理部门一方面要为博物馆创造宽松的政策环境,打通实施细则的堵点、难点、卡点,另一方面也要加大对博物馆文创产品项目运营的监管力度,构建文创产品项目运营试点的进入退出机制。一是需要加强行业监管。适时对博物馆文创产品项目运营情况进行摸底,如掌握博物馆文创产品运营的收入情况、合作运营模式、文创产品形态、产品研发数量、合作企业数量、从业人员数量等基础性信息,以更好地指导博物馆文创产品项目运营实践。二是要构建文创产品项目运营试点的进入退出机制。逐步扩大文创产品项目运营的试点范围,鼓励更多博物馆广泛调动社会资源参与到博物馆文创产品项目运营上来。动态管理试点单位名单,对不重视文创产品项目运营工作的博物馆及时移出试点单位名单,让相关博物馆感受到尽快落实文创产品项目运营工作的紧迫感。

第四节
博物馆文创产品市场化运营的依据与意义

博物馆文创产品项目运营的本质是博物馆为拓展业务职能，逐步推进的市场化运作实践。改革开放以来，我国社会主义建设事业的市场化因素逐渐提升，经济体制改革、文化体制改革、国有企业混合所有制改革等都给文创产品的市场化运营提供了经验借鉴，并在博物馆运营减轻国家财政负担、扩大经费收入来源、激发干事创业热情、提升场馆运营水平、增加社会参与程度等方面，发挥着积极作用。

一、博物馆文创产品项目市场化运营的实施依据

新中国成立后，我国开展了影响深远的社会主义实践，特别是1978年国家施行改革开放后，我国走出了一条马克思主义与中国国情相结合并彰显中国特色的社会主义发展道路，并在经济、文化、国有企业等领域开展了深入的改革创新实践。这些实践具有极大相似性，其本质特征便是市场因素不断进入国有公共领域。而上述实践给我国经济社会发展带来的积极变

化，为博物馆推动文创产品项目运营的市场化实践提供了参考依据。

（一）经济体制改革：计划经济向市场经济转变

新中国成立后，我国选择了计划经济体制，虽然在社会主义建设时期发挥了巨大的推动作用，但随着生产力的不断提高，计划经济体制对社会发展的限制逐步显现。计划经济体制排斥市场机制作用，不能灵敏反映市场需求，压抑了人们的生产积极性，限制了经济活力，导致供应短缺，生产力不能得到充分发展。为了适应世界新技术革命和经济全球化的新形势，进一步加快经济发展，实现现代化建设目标，必须进行经济体制改革。1978年后，我国的经济体制逐步从计划经济向市场经济转变，确定了坚持公有制为主体、多种所有制经济共同发展，按劳分配为主体、多种分配方式并存的社会主义市场经济体制。计划经济向市场经济转变是一个渐进的过程，需要采取一系列措施来推动。这些措施包括：一是价格机制的改革。逐步放开价格，由市场供求关系决定价格水平，使价格成为反映市场供求关系的重要信号。二是所有制结构的调整。发展多种所有制经济，包括国有经济、集体经济、私营经济、外资经济等，形成多元化的所有制结构。三是企业制度的改革。深化国有企业改革，建立现代企业制度，实现产权清晰、权责明确、政企分开、管理科学。同时，鼓励和支持非公有制经济的发展，增强市场主体的活力和竞争力。四是市场体系的完善。建立健全统一、开放、竞争、有序的现代市场体系，包括商品市场、金融市场、劳动力市场、技术市场等，使市场在资源配置中发挥基础性作用。五是政府职能转变。政府从直接干预经济活动的角色转变为宏观经济调控者和市场规则的制定者、维护者，通过财政政策和货币政策等手段调节经济运行。随着市场要素进入经济领域，经济体制解放和发展了生产力，实现了优化资源配置，增强了经济活力，彰显出社会主义制度的优越性。

（二）文化体制改革：经营性事业单位转企改制

文化类经营性事业单位转企改制是我国文化体制改革的重要组成部分，旨在推动文化产业的发展，激发文化市场的活力。随着我国市场经济的不断发展和文化产业的日益繁荣，文化类经营性事业单位面临着越来越大的市场竞争压力。为了适应市场经济的发展需求，提高文化产业的竞争力和创新能力，文化类经营性事业单位开始逐步向企业化转型。改制的主要目的是通过引入市场机制，优化资源配置，提高运营效率，推动文化产业向更高质量、更高效益的方向发展。同时，改制也有助于激发文化事业单位的活力，推动其向更加专业化、市场化的方向发展。文化类经营性事业单位转企改制的范围主要包括从事新闻出版、广播影视和文化艺术等领域的事业单位。这些单位在改制前多为事业单位法人，具有较为稳定的资金来源和运营模式。改制后，这些单位将转变为独立的企业法人实体，自主经营、自负盈亏。文化类经营性事业单位转企改制的政策意义在于推动文化产业的发展和创新能力的提升。通过改制，可以激发文化事业单位的活力，推动其向更加专业化、市场化的方向发展。同时，改制也有助于优化资源配置和提高运营效率，降低运营成本和市场风险。此外，改制还可以促进文化产业的融合发展和创新驱动发展，提高文化产业的整体竞争力和创新能力。

（三）国有企业改革：混合所有制改革

混合所有制改革是指在国有企业中引入非国有资本，如私营资本和外资，使企业成为国有资本、集体资本、私人资本等多种所有制共同参与的企业。这一改革的主要目的是打破国有企业的单一所有制结构，激发市场活力，提高企业的经营效率和创新能力，同时保持国家对关键领域和重要行业的控制力。混合所有制改革的主要措施包括：一是引入非国有资本。增加企业的资本总量，为企业的发展和扩张提供资金支持。同时，改进管理体系，私营和外资的引入往往伴随着先进的管理知识和经验加持，有助于提升企业的管理水平和运营效率。此外，非国有资本的参与增加了企业对市场变化的敏感度，有助于提高企业的市场适应能力和竞争力。引入非国有资本的方式包括公开发行股票、直接引入战略投资者、员工持股计划等。二是优化企业治理结构。通过优化董事会结构、完善管理层构成、增强监督机制、增强透明度与信息公开等方式，实现治理结构的优化。在改革企业治理结构时，需要平衡不同所有制文化和管理制度的融合所面临的挑战，确保各方利益均衡的同时激发管理层的积极性和创新能力。三是股权多元化与市场化管理。通过引入非国有股东、公开上市、股权激励计划等实现股权多元化，通过以市场化选人用人、绩效导向、灵活运营策略、客户和市场为经营导向来实现市场化管理。四是建立激励与约束机制。通过合理的激励手段提高员工和管理层的积极性和创新能力，同时通过严格的约束机制确保企业运营的规范性和效率。激励机制的建设主要通过股权激励、绩效奖励、非物质奖励等方式进行，约束机制的建设则主要通过明确责任和权利、内部控制和审计、法律和道德规范等方式进行。混合所有制改革在增强公有制经济主体地位、激发各种所有制经济活力、优化国有资本配置、完善现代企业制度、促进国有企业转换经营机制以及巩固和完善社会主义基本经济制度等方面都具有重要意义。

（四）进一步全面深化文化体制机制改革

2024年7月18日，党的二十届三中全会通过了《中共中央关于进一步全面深化改革推进中国式现代化的决定》（以下简称

《决定》),《决定》指出要"健全文化事业、文化产业发展体制机制,推动文化繁荣,丰富人民精神文化生活,提升国家文化软实力和中华文化影响力",具体来看,"健全社会力量参与公共文化服务机制,推进公共文化设施所有权和使用权分置改革。深化文化领域国资国企改革,分类推进文化事业单位深化内部改革""健全文化和旅游深度融合发展体制机制"等内容对文化领域的体制机制改革指明了方向。①

2024年8月7日,中央政治局委员、中央宣传部部长李书磊在《人民日报》刊发文章《深化文化体制机制改革》时指出:"优化文化服务和文化产品供给机制,激发全民族文化创新创造活力,深化文化体制机制改革要把激发全民族创新创造活力作为中心环节,加快完善遵循文化发展规律、有利于激发活力的文化管理体制和生产经营机制。通过改革进一步破解深层次体制机制障碍,激发文化创新创造活力,为推动文化繁荣、建设文化强国提供强大动力和制度保障。"②该文论述了进一步深化文化体制机制改革的工作抓手,进而对施行文化文物领域的体制机制改革提供借鉴指导作用。

聚焦于文化系统内,博物馆文创产品项目运营的体制机制改革可以看作是文化体制改革在博物馆"子层级"领域内的进一步细化和延伸,即体制机制改革剥离了博物馆带有经营属性的相关职能,交由社会企业进行市场化运作,为人民群众提供文博增值服务。我国对社会主义文化进行了公益性的文化事业与经营性的文化产业"分流",并做出了文化事业与文化产业协同发展的重要判断。博物馆作为承担公共文化供给的社会机构,带有鲜明的公益属性,但文博场馆当下提供的均等化、无差异、无偿性的文

---

① 《中共中央关于进一步全面深化改革推进中国式现代化的决定》,《人民日报》2024年7月22日,第1版。

② 李书磊:《深化文化体制机制改革》,《人民日报》2024年8月7日,第6版。

化服务已不能满足人民群众对定制化、差异化、增值化文化产品与服务的需求，博物馆通过深化改革加强自身建设势在必行。最终，博物馆形成为满足社会公众基本文化需求的收藏、研究、展示、传播的基础职能和为满足社会公众差异化、增值化文化需求的博物馆文创产品的补充职能两大方向。

综上可见，无论是在经济、文化、国有企业领域，市场因素进入国有公共领域的实践探索已成为体制机制改革的趋势和工作抓手，是运用马克思主义解决中国实际问题，建设中国特色社会主义事业的最有力实践。作为借鉴参考，博物馆推行文创产品项目运营市场化改革拥有了理论依据和实践依据。而在党的二十届三中全会通过的《决定》，为进一步深化文化文物单位的体制机制改革，推动文创产品项目运营的相关政策与运行机制的出台提供了现实依据和时代依据。

二、博物馆文创产品项目市场化运营的实施意义

博物馆实施文创产品项目市场化运营有着重要的意义，对博物馆管理部门、博物馆机构、博物馆从业人员、博物馆受众群体和博物馆的外部社会环境都有着重要的提升作用。

（一）减轻国家财政负担

近年来，国家对支持博物馆、纪念馆免费开放的财政支持力度逐年递增。数据显示：2021年中央财政支持博物馆、纪念馆免费开放补助资金达27.7亿元，2022年补助资金达28.5亿元，2023年补助资金达34.4亿元，2024年补助资金达34.4亿元。在财政支持持续增高的背景下，博物馆机构加强了公共文化产品的供给力度，并取得显著成果：2023年，全国各类文物机构共举办陈列展览3.0万个，其中基本陈列1.3万个，临时展览1.7万个。

▶ 2013—2023年全国文物机构接待观众人次及未成年人观众人次

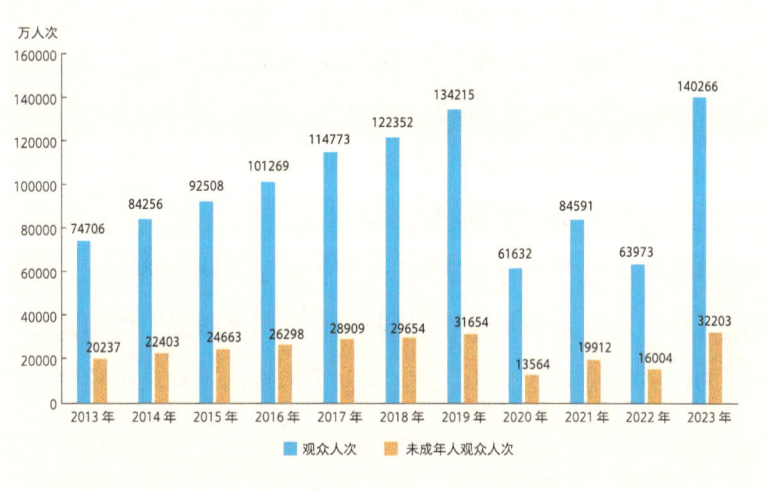

接待观众140266万人次，同比增长119.3%，其中未成年人32203万人次，同比增长101.2%，占参观总人数的23.0%。文物系统管理的国有博物馆接待观众102129万人次，同比增长123.7%，占文物机构接待观众总数的72.8%。①

而另一方面，随着人民群众与日俱增的文化诉求、"博物馆+"活化文物价值的持续刺激、后疫情时代文化需求的突然释放等因素影响，②"博物馆热"现象持续升温，如果现有博物馆公共文化服务体系不足以应对"新形势"，势必会出现"热管理失控"的问题，特别是2023年暑期博物馆文化需求彻底释放，场馆接待水平、服务质量、管理机制等都面临诸多挑战，从根本上看是博物馆财政支持力度的相对短缺。随着博物馆文创产品项目的市场化运营，博物馆可以将文创产品的经营性收入反哺到馆内的公共事业建设上来，据了解，某省级博物馆将文创产品项目运营产生

---

① 《文化和旅游部2023年文化和旅游发展统计公报》，《中国旅游报》2024年9月2日，第4版。

② 王业鑫：《"博物馆热"现象下文博场馆公共文化服务的冷思考》，载王振芬主编《旅顺博物馆学苑·2023》，上海古籍出版社，2024。

的经营性收入，支付了馆内的水、电费等基本开支。还有的博物馆拟将文创产品经营性收入支付因场馆暑期延时开放产生的财政支出，一定程度上缓解了财政开支压力。

（二）扩大经费收入来源

博物馆文创产品项目市场化运营扩大了博物馆经费收入来源渠道，特别是该类资金为经营性收入而非财政拨款，博物馆拥有较高的自主使用支配权限，大大激发了博物馆推动文创项目运营的动力。我国国有博物馆经费来源相对单一，特别是公益一类博物馆运营经费主要仰仗中央、地方两级财政资金支持，特别是在全球经济普遍下行时期，地方财政压力较大，体现在博物馆建设方面便是东西部、城乡间的差距逐步显现，笔者曾走访过的不少县级博物馆均采取中午闭馆的措施，还有的县属场馆运营经费不足，仅能维持现有场馆的日常开放，缺少经费新推出专题展览。而博物馆文创产品项目市场化运营产生的经营性收入可以扩大收入来源，按照"上海政策""湖南政策"的意见精神，文创产品经营收入的70%可用于博物馆建设，更好地满足社会公众对博物馆文化产品与服务需要。

（三）激发干事创业热情

博物馆文创产品项目运营的体制机制创新将极大激发博物馆干部职工的干事创业热情。通过打通博物馆文创产品收入分配激励机制，如"上海政策""湖南政策"等，博物馆可对文创产品经营收入的30%进行激励分配，对承担文创产品项目运营的重要人员进行奖励，一改过去博物馆工作人员"大锅饭""多劳不多得"的旧现状，由省级文化文物管理部门统筹协调，指导相关博物馆基于本馆情况，制定文创产品项目实施及绩效考核方案，广泛调动博物馆干部职工的干事热情，不断提升博物馆运营活力。

（四）提升场馆运营水平

近几十年来，世界博物馆学研究从对博物馆"物"的探索转到了对"人"的关注，即从对文物史料研究到对博物馆文化教育传播的探索。[①] 满足社会公众的文化需求是博物馆的基本职能，博物馆应不断丰富精神文化产品与服务水平，切实保障公益性、均等化、无差别的基本博物馆公共文化服务，也要通过文创产品项目运营向人民群众提供差异化、市场化、定制化的增值性文化产品服务，增强博物馆的核心竞争力，提升场馆运营服务水平，以满足人民群众对美好生活的向往和期待。

（五）增加社会参与程度

博物馆文创产品项目的市场化运营有助于提高场馆建设的社会参与程度。博物馆是社会公共服务部门，博物馆建设水平的高低体现了社会发展水平的高低。博物馆并非独立于社会环境存在，反而与经济社会发展有着密切的联系。博物馆建设水平的高低一是体现在社会资源参与博物馆建设的程度上。随着市场化要素的注入，博物馆应广泛吸纳优质社会资源参与博物馆建设，让深藏在博物馆展厅库房的文化遗产"活"起来，必须有社会资源、资本的参与助力。二是体现在博物馆建设应反哺带动社会发展上。宏观层面，博物馆是城市的"文化会客厅"，是城市文化的集中收藏地、研究地和展示地，也是城市旅游的重要目的地与打卡地，博物馆文化产业的发展对区域经济社会发展带动作用明显；微观层面，博物馆文创产品项目运营可以活化利用博物馆的馆藏资源，带动社会资本、资源进入文博机构，解决了当地居民就业，盘活文旅市场，彰显出博物馆文化建设对城市发展的促进作用。

---

① 王业鑫：《"以人民为中心的发展思想"下博物馆文化产业发展再思考》，载中国园林博物馆主编《中国园林博物馆学刊2023》，中国建筑工业出版社，2024。

第三章 博物馆文创产品项目运营组织

文创产品项目运营形式的选择是博物馆文创产品项目运营的核心内容。本章通过聚焦文创产品项目运营方式，并对各种方式进行优劣势探讨，进而对各种方式的选择场景给予推荐；回顾文创产品项目运营形式的发展历程，研究提供选择建议；重点对授权合作形式进行细致探讨；细分运营合作模式，从而对博物馆选择适合本馆发展的运营模式进行优劣势分析；指出博物馆文创产品项目运营要处理好四对关系，要加强项目运营在意识形态把控、制度建设、档案管理、知识产权保护等方面的保障措施。

第一节
博物馆文创产品项目运营方式

一、博物馆文创产品项目运营方式

近十几年来,博物馆文创产品从旅游纪念品到创意产品快速发展。博物馆文创产品项目运营方式为适应文创产品研发、生产、销售等环节的发展需要,也同步进行了变化革新,主要经历了博物馆自营、博物馆与企业合作经营、博物馆设立企业经营三种。

(一)博物馆自营

博物馆自营是指在博物馆文创产品项目运营的早期阶段,博物馆独立运营文创产品售卖区,直接向参观观众提供相关经营服务的模式。博物馆独立开发文创产品,在博物馆展厅内设置文创产品售卖区,由博物馆工作人员直接进行经营性活动的运营。

(二)博物馆与企业合作经营

博物馆与企业合作经营是指博物馆与企业开展合作开发经营

文创产品，博物馆承担馆藏资源的授权并对企业开发、经营活动进行监督管理，由企业具体实施文创产品开发、资金投入与售卖的日常经营管理，形成了博物馆与企业合作向社会公众提供参观服务的运营方式。

（三）博物馆设立企业经营

博物馆设立企业经营是指博物馆为更好推动文创产品的设计研发与经营活动，成立博物馆下属企业，以企业形式替代博物馆开展经营性活动的运营方式。由于企业法人相对事业法人在经营范畴、人事、财务管理等方面拥有较高的灵活度，能更好地开展文创产品的经营活动，故目前被博物馆广泛采用。

二、博物馆文创产品项目运营方式比较

文创产品项目运营从博物馆独立研发到与第三方企业合作运营再到成立企业运营的演变发展，体现了博物馆文创产品运营市场化水平逐步提高的发展历程，是博物馆为适应文创产品高度市场化运作的积极应对。博物馆对文创产品自营方式是为适应博物馆向社会公众提供高质量参观服务的早期探索，随着文创产品运营的市场化水平不断提高，博物馆自营的文创产品运营方式已经不适应当下博物馆发展需求，而是应坚持"事企分开"原则，引入文创产品项目运营企业，采用博物馆直接与企业合作经营，或是成立下属国有企业代博物馆进行文创产品经营活动，推动博物馆文创产品研发与市场营销业务。博物馆与企业合作经营和设立企业经营两种方式各有利弊，需依据博物馆内部实际情况、外部政策环境等多方面综合研判确定。

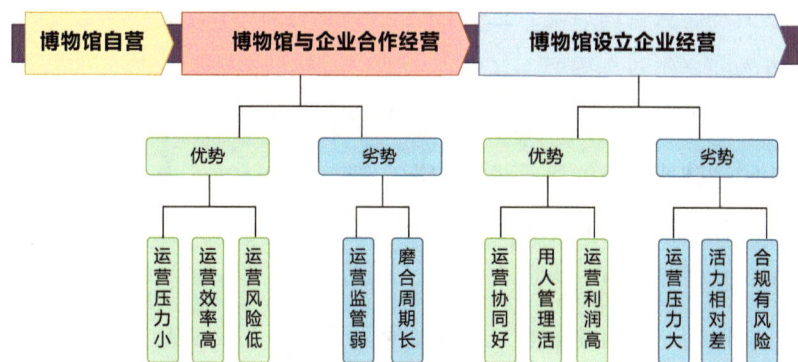

◆ 博物馆文创产品项目运营方式分析

（一）博物馆与企业合作经营的优劣势分析

博物馆与企业合作经营的优势在于：一是运营压力更小。我国博物馆多为公益性事业单位，博物馆人员编制、经费分别由上级编制办公室、财政部门核定审批，一经确定后难以修改调整，由于文创产品项目运营博物馆需要投入大量的人员、资金、资源，仅靠国家支持无法支撑市场化、产业化运营，因此博物馆应坚持事企分开的管理方式，广泛调动社会资源参与博物馆文创运营成为破局之道。二是运营效率更高。博物馆依托企业主体参与市场经营，让专业的人做专业的事。此外，该运营方式拥有较为灵活的企业进入退出机制，"船小好调头"下博物馆在应对市场竞争时，战略调整的成本代价更低。三是运营风险更低。博物馆文创产品项目运营属于经营性活动，参与市场竞争时难免会产生舆情风险，博物馆作为政策成立的公共机构，直接参与解决舆情或是进行知识产权维权诉讼，不利于博物馆的公共形象塑造，企业的参与降低了项目运营风险。

与此同时，博物馆与企业合作经营也存在一定劣势：一是运营监管不足。该方式运行下，由于博物馆与企业是合作经营关系，并非系统内部的上下级权属关系，博物馆一旦对企业运营监管不足，博物馆文创产品项目运营将存在较高的意识形态、社会舆情及财务管理风险。二是运营磨合周期较长。博物馆与第三方机构的合作双方需要一定的磨合期，博物馆需要付出较多的合作洽商精力，导致工作效率低下。如企业要在合作过程中不断摸索才能理解博物馆的馆藏资源情况、产品开发诉求、意识形态重点等具体情况，特别是博物馆同时与多家合作企业对接洽商时，该矛盾将更为突出。

此外，国有企业和民营企业运营理念、机制、规则不同，各有优势：国有企业由于与博物馆机构要求类似，需要接受巡视巡察和审计检查，在项目运营流程上更为规范，政治素养高，对文创产品项目运营的意识形态把控更为严谨，博物馆在接受巡视巡察以及审计时出现问题的风险更低；但在工作效率、灵活度方面，民营企业运营具有天然优势，民营企业内部管理机制相对简化，处理突发性事件及应对市场变化时反应更快，更能发挥出"船小好调头"的组织优势。因此，博物馆需要根据本馆实际需要，酌情选择国有企业或是民营企业进行文创项目运营合作。

（二）博物馆设立企业经营的优劣势分析

博物馆设立企业经营的优势在于：一是运营协同性好。博物馆下属企业是博物馆机构的内设机构，常态化承接馆内业务，对博物馆的工作流程、产品策划偏好等更为了解，在内部业务协调与管理的统一性更好，博物馆文创产品项目运营业务需要博物馆经营管理部门、文物收藏保护部门、史料研究部门等协同配合，如有内设企业承接经营业务，工作效率肯定较有保障。二是用人管理灵活。博物馆直接设立企业可以释放机制红利，相对博物馆在编人员，企业经营可以根据业务需要灵活招聘社会化工作人员，从业人员的进入、退出机制更通畅，进而提高工作效率。三是运营利润更高。博物馆采用设立馆属企业实施文创产品运营，项目运营产生的所有经营性收益全部归馆方所有，而非需向合作企业支付合作服务费用，博物馆便可对运营利润进行博物馆建设、文创产品运营扩大再生产以及人员激励分配等事项，助推博物馆的可持续发展。

但该方式的劣势也较为明显：一是博物馆直接运营企业压力较大。博物馆文创产品项目运营属于经营性活动，馆属企业面临较高的市场竞争风险，如在疫情等特殊时期，企业经营业绩不佳，馆属企业将成为博物馆沉重的负担，笔者曾在疫情期间调研某省级博物馆文创运营情况，该馆接到文旅部门闭馆要求后，博物馆文创产品经营业务面临停滞，而博物馆下属企业拥有20余位职员，一度陷入发不出工资的窘境。二是馆属企业较民营企业运营活力仍显不足。虽然馆属企业相较博物馆等文化事业单位运行机制更为灵活，但与民营企业相比还存在一定差距。三是存在工作合规风险。博物馆全资下属企业在承接上级博物馆业务时，下属企业能承接博物馆哪些职能业务，行业内尚未达成共识，若馆属企业承接博物馆财政资金项目，便存在博物馆套取财政资金，面临"左兜装右兜"的廉政风险；若馆属企业不承接馆内项目，脱离了博物馆平台，完全参与市场竞争，又能获取多少经营性项目，能否维持企业的正常运转值得商榷。

此外，博物馆通过馆属企业统筹文创产品项目运营工作发展前景未卜。经笔者调研发现，国内部分省份已经提出了将博物馆下属的全资国有企业收归地方国资委统一管理的指导意见，博物馆丧失了对原下属企业的直接领导权，转变为博物馆与企业的合作关系，工作效率将大不如前；或是原馆属企业被划拨入国有资产管理公司，由国有资产管理公司统一承接博物馆文创产品项目运营，采取定向管理博物馆文创产品项目运营。但这种缺少市场竞争的"计划式"项目运维，可以预想文创产品经营效果也将难以保证。

三、博物馆文创产品项目运营方式选择建议

（一）博物馆与企业合作运营的选择情形

一是较适用于人员编制、财政支持力度一般的博物馆。博物馆文创运营人员相对匮乏并缺少市场经验，博物馆采取与企业合作运营的方式，充分调动社会力量，吸纳社会资源和资金参与博物馆文创产品项目建设，该种方式可以较好补全博物馆运营的短板，坚持"事企分离"，让专业的人做专业的事，提升文创产品项目运营的精细度和专业度。二是较适用于执行《国务院办公厅转发文化部等部门关于推动文化文物单位文化创意产品开发若干意见的通知》（国办发〔2016〕36号）精神难度较大的博物馆。文件指出了"事企分离"的博物馆文创产品项目运营原则，但在项目落地时，公益一类博物馆不得从事经营性活动依然是落实上述文件精神的最大阻力，特别是对上级主管单位为非文旅部门的博物馆来说，博物馆成立国有全资下属企业进行文创运营的难度较大。因此，基于上述两种情形，博物馆选取与企业合作经营的方式较为适宜。

（二）博物馆设立企业运营的选择情形

一是较适用于人员编制、财政支持较有保障，文创产品项目较多且庞杂，年参观人数较有保障的博物馆。博物馆成立馆属企业在加强了对文创产品项目运营专业度的同时，又确保了项目监管力度，符合文创产品项目运营的市场化思路。但成立博物馆全资企业需要占用博物馆众多资源，博物馆要评估是否有足够多的产业项目需要馆属企业运营，还要评估本馆的产业项目经营收入能否维持馆属企业的正常运转。如国家级、省级博物馆业务量较大，人员编制数量普遍达300人甚至更多，场馆文化资源较为深厚，博物馆年观众接待量能达到100万人次以上，文创产品购买

▶ 博物馆文创产品项目运营方式选择思路

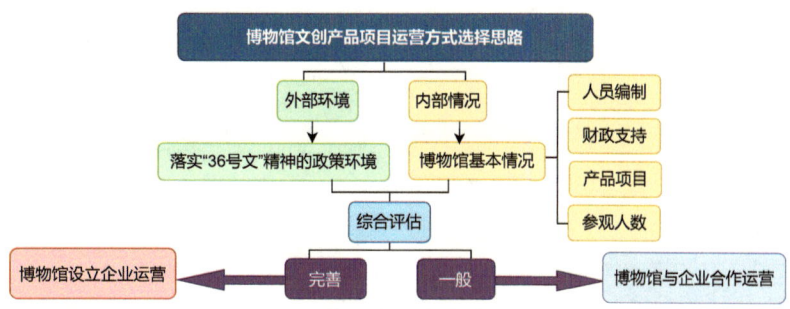

受众广泛,具备上述条件,笔者认为,在政策允许的前提下,博物馆是可以设立企业进行文创产品项目运营的。二是适用于能较好执行《国务院办公厅转发文化部等部门关于推动文化文物单位文化创意产品开发若干意见的通知》(国办发〔2016〕36号)文件精神的博物馆。由于该文件是国家文旅部门牵头制定,主管单位为文旅部门的博物馆能较顺畅落地执行该意见精神,容易打通收入分配的政策堵点,可以被相关博物馆积极采用。

综上,在选择文创产品项目运营方式上,中小规模博物馆更适合选取博物馆与企业合作的方式,博物馆基于自身的馆藏资源、观众人数、社会影响等因素综合考虑合作的业务以及规模,而如省博物馆等体量较大且文创产品业务庞杂的文博机构,在人事、财政等政策允许的前提下,可采取成立馆属企业承担博物馆文创产品项目运营的工作路径。

第二节
博物馆文创产品项目运营形式

博物馆文创产品项目运营形式的选择是博物馆在明确文创项目运营体制机制与政策研究后要实施的工作，是博物馆落实文创产品项目运营工作的组织形式和实现方法。笔者通过十余年来的文创产品项目运营实践，总结了三种形式，并对其分别进行讨论，给出项目经营形式的选择建议。

一、博物馆文创产品项目运营形式发展历程

博物馆文创产品项目运营形式的发展和选择，与文创政策的变化息息相关，从文创产品作为新生事物伊始的场地租金形式，到文创产品项目运营走上正轨的授权合作形式，再到对博物馆文创产品项目经营政策逐步细化，形成了授权合作与场地租金相结合的较为成熟的形式，是博物馆文创项目运营政策制定者、项目管理者、运营者共同参与实践的必然结果。

（一）场地租金形式

场地租金形式是博物馆与文创产品开发经营企业合作经营的形式，博物馆提供馆藏文物及史料，由合作企业承担文创产品研发、设计、生产、营销等全流程工作，在博物馆区域内设置文创产品经营售卖区，由合作企业负责文创产品的销售服务。因合作企业在馆内开展经营性活动，占据了作为国有固定资产的博物馆空间，需要给博物馆支付一定的场地租金使用费。

博物馆场地租金过去多是根据市场参考价格进行确定。如某博物馆会参考同地区博物馆的场地租金收取标准，以租金/面积的计算方式，获得单位面积（1平方米）的租金，再综合博物馆的地理位置（地价）、社会影响力、参观人数、经营创收能力等多方面因素，基于本馆的场地出租面积确定本博物馆的场地租金价格。

（二）授权合作形式

授权合作形式是博物馆与文创产品设计开发及项目运营公司开展合作，由博物馆提供产品研发设计环节馆藏资源的授权，由文创产品项目运营企业承担文创产品研发、设计、生产、营销等全流程工作，同样是合作企业需向博物馆支付一定费用，但其名目并非场地租金费用，而是授权合作费用。

▶ 博物馆文创产品项目运营授权合作分成方法

博物馆与文创产品项目运营企业可以采用参照文创产品经营利润、经营流水或是设置分成门槛等方法确定授权合作分成。第一，经营利润法。博物馆与文创产品项目运营企业确定授权合作分成时，先将运营企业的运营成本刨去，剩余的利润作为双方分成的参考依据。第二，经营流水法。博物馆文创产品运营管理行业内往往采用以文创产品经营流水（营业额）的8%～15%作为授权合作的分成比例。之所以行业内没有固定的授权合作分成比例，主要原因有两个：一是由于不同博物馆的文化资源禀赋、社会知名度、参观人数、文化品牌等均不相同，博物馆应依据本馆馆情与授权合作企业进行商业性谈判，确定具体的合作分成比例。二是由于博物馆文创产品经营销售的产品类型不同，如基于博物馆文化资源开发的文创产品，文创运营企业前期产品开发阶段的人力、物力、财力投入较大，博物馆可适当降低授权合作的分成比例；如基于文创经营活动产生的营业额，多是依靠餐食、饮品等以及其他投入成本较低的产品形态，博物馆可适当提高授权合作的分成比例。第三，分成门槛法。博物馆与文创产品项目运营企业在确定授权合作分成比例时，双方经商业性谈判，确定一个授权合作的分成门槛，即如达到某个销售额后，文创产品项目运营企业进行分成，如达不到该销售额，则企业不进行分成。

经营利润法适用于博物馆与文创产品项目运营企业合作的起步阶段，企业用于前期文创产品开发投入的人力、财力、物力较多，为减轻运营企业的运转压力，博物馆可以使用经营利润法进行分成，有助于保障文创运营企业经营业务起步；经营流水法用于博物馆与文创运营企业合作的稳定阶段，文创运营企业拥有稳定的经营收入，足以维持企业的运转和文创产品的扩大再生产，有助于实现博物馆文创产品运营的持续、稳定、健康发展；分成门槛法适用于博物馆与文创合作企业的高速发展阶段，博物馆给运营企业设置创收目标，有助于充分调动文创运营企业突破经营

"舒适圈"的勇气魄力,实现更高的商业价值,从而达到提升博物馆文化传播效能的目标。

(三)授权合作与场地租金相结合形式

授权合作与场地租金相结合的形式是博物馆在推动文创产品设计研发与项目运营时,同时运用了授权合作与场地租金两种形式。博物馆授权文创产品项目运营管理企业使用馆藏资源开发具有博物馆文化内涵的文创产品,并按照双方约定向运营企业收取授权合作费用;文创产品项目运营管理企业占据博物馆的国有资产空间开展经营性活动,需基于场地面积、地价等支付场地租金。授权合作与场地租金形式相对独立,授权合作方式解决博物馆文创产品运营的创收行为,场地租金形式解决博物馆文创产品项目运营的合规问题,以免出现国有资产流失的隐患。

表3-1 北京地区国有资产出租基本流程

步骤	工作内容
1	博物馆确定场地出租位置、面积,准备好出租区域的不动产证书。
2	将场地出租事项报请上级主管部门,获取上级主管部门批示。
3	向市财政局提交国有资产出租申请及上级主管部门同意出租的批件等相关申报材料,等待市财政局批复。
4	向北京产权交易所(以下简称北交所)提交国有资产出租材料及上级主管部门、市财政局批复,博物馆不动产证书等材料。
5	北交所安排评估并受理出租申请,系统摇号选出一家测绘评估公司,测绘出实际面积和评估出租金,在北交所网站发布出租信息,公开征集意向承租方。
6	意向承租方提出承租申请并交纳保证金,北交所受理承租意向并遴选确定承租方,博物馆与承租方签订协议,其中1份协议留存北交所备案。

需要指出的是,不同地区国有资产出租租金的收取方式不一,需咨询所在地区的相关政策。以北京为例,2024年7月,北

京市财政局印发《北京市财政局关于公共文化旅游场所房屋出租有关事项的通知》（京财资产〔2024〕838号）（以下简称《通知》），《通知》明确指出：一是关于出租方式。公共文化旅游场所房屋出租可以通过公共资源交易平台公开竞价拍租，也可以采取国家法律法规规定的其他公开、公正的方式进行。出租价格根据市场参考价（委托有资质的中介机构出具出租价格建议书或公开竞价拍租等公开、公正方式确定的价格）确定。因涉密、国家安全等特殊原因无法公开招租的，由单位党委（党组）集体讨论决定，经主管部门审核同意后报市财政局审批。二是关于出租期限。房屋出租期限不得超过5年。对确需签订3年以上协议的，应由单位党委（党组）集体讨论决定，经主管部门审核同意后报市财政局审批。三是关于房屋管理主体责任。主管部门要切实履行本部门所属事业单位房屋资产的监督管理职责，落实主体管理责任，应结合本部门实际情况，制定本部门房屋资产管理制度，指导、监督所属事业单位做好房屋资产管理工作。相关事业单位承担本单位房屋资产的具体管理责任，加强内控管理，严格履行审批程序，切实加强房屋资产规范化管理。而据笔者调研，河北省相关政策是博物馆先行收取由国有资产评估企业确定的租金，而后再上交至上级国有资产相关管理账户内。具体的收费方式需

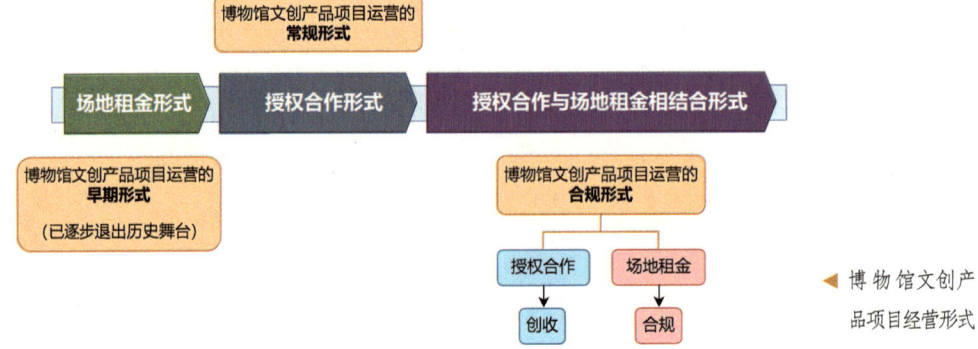

◀ 博物馆文创产品项目经营形式

博物馆咨询省内国有资产出租的相关政策，按照相关规定执行，以免在博物馆面临巡视或审计时，产生不必要的麻烦。

二、博物馆文创产品项目经营形式选择建议

（一）场地租金形式逐步退出文创产品项目运营实践

场地租金形式是博物馆文创产品项目运营的早期合作形式，在文创产品刚刚兴起的阶段发挥出积极作用，也是博物馆充分调动社会资源优势参与博物馆建设的最早尝试。但随着国家对公益一类博物馆经营性活动的监管力度逐步提高，场地租金形式的收费方式遭到巡视审计相关部门的质疑，主要集中在：博物馆场馆作为国有资产，在国有资产空间内进行经营性活动产生的经营性收入是应全额上交上级财政部门，而不能作为博物馆文创产品项目经营收取费用的"替代品"。此外，不少省份已出台国有资产出租经营的规章制度，国有土地租赁应按照相关细则，以公开、公平、公正的方式执行。因此，目前场地租金形式逐步退出了博物馆文创产品项目运营领域，代之以更为合理合规的授权合作形式。

（二）授权合作形式是场地租金形式的合规化替代物

授权合作形式与场地租金形式看似形式近似，都是博物馆向文创产品项目运营管理企业收取合作费用，但二者的侧重点不同。博物馆通过授权合作形式向文创产品项目运营管理企业收取的是馆藏资源史料的授权使用费用，其性质是博物馆知识产权使用费，而非场地租金，前者是博物馆基于丰富馆藏资源而获取的创造性收益，后者是博物馆利用国有固定资产通过出租的方式获取的收入，必须上交上级财政。因此，国内一些博物馆在巡视巡察、财务审计的要求下，逐步推行文创产品项目运营的合规化发展，完成了从场地租金到授权合作费用的演变升级。

（三）授权合作与场地租金形式融合运用是发展趋势

博物馆文创产品销售强调社会公众在完成观展体验后的"场景化消费"，因此文创产品项目运营管理企业需在博物馆范围内占据一定区域进行售卖活动，国有资产的场地租金问题在巡视审计过程中很难得到规避，收费的金额、标准的确定更是难以确定。目前数量相当大的博物馆为更便于开展工作，让文创产品项目运营管理企业免费使用博物馆空间开展文创售卖活动，笔者在调研过程中，有的博物馆提出自己的观点：之所以免费授权文创产品项目运营管理企业使用相关博物馆区域，是基于文创产品经营目前已成为博物馆向社会公众提供服务的窗口，与博物馆展览展示类似都是博物馆向社会公众提供的文化服务，文创售卖区与展览展厅体现的是共同的功能，因此，可以不予收费。但笔者认为，博物馆文创产品项目运营和展览展示有着本质的不同，在于文创产品是经营性活动，而展览展示是公益性活动，在占据国有资产空间时，文创产品项目运营管理企业是应按照国有土地出租的标准进行评估，这样才能做到完全合规经营。因此，授权合作与场地租金相结合形式是博物馆文创产品项目经营的"最优解"。

博物馆采用授权合作与场地租金形式时应审慎考虑文创产品运营企业的授权合作分成比例问题，由于场地租金成为运营企业产品开发经营环节中的"固定成本"，博物馆应与文创产品运营企业进行商业性谈判，在刨去场地租金后，再综合博物馆的社会影响力、参观客流、馆藏资源水平、企业运营能力等因素，确定科学、合理的授权合作分成比例，以免博物馆文创空间"运营成本"过高，经营企业缺少参与博物馆文创产品项目运营的意愿出现，从而制约了博物馆的文化传播。

然而需要指出的是，有的博物馆虽然按照省内相关规定实行了授权合作与场地租金相结合的形式，但在面对巡视审计时被要求文创产品项目运营管理企业使用的博物馆水、电、燃气等基础设施也需要进行计费，防止国有资产的流失，因此，博物馆不得不对文创产品运营企业加装水表、电表、燃气表，产生的相关费用由博物馆代替财政部门先行收取，而后上交。国有博物馆在开展文创产品项目运营时，应注重对经营售卖区的监督管理，为相关企业提供好经营服务，尽可能降低巡视审计后接受整改的风险。

第三节
博物馆文创产品授权

在博物馆文创产品项目运营实践层面，由于场地租金形式无法单独实施，博物馆应加强开展与运营企业的文创产品授权合作，因此，博物馆文创产品授权需要进行重点研究探讨，为博物馆选择适合场馆资源禀赋特点的文创产品授权合作模式提供借鉴参考。在项目运营环节中，博物馆要处理好文创产品项目运营业务和公共文化服务之间的关系，加强文创产品项目运营授权的各项保障工作，推进博物馆文创产品项目运营走深走实。

一、《博物馆馆藏资源著作权、商标权和品牌授权操作指引（试行）》

博物馆馆藏资源的授权工作是开展好文创产品项目运营的核心。为推动好馆藏资源的授权合作，强化文创产品项目运营工作，国家文物管理部门加大了对博物馆资源的授权合作的指导力度。2019年5月，国家文物局印发《博物馆馆藏资源著作权、商标权和品牌授权操作指引（试行）》（以下简称《指引》，全文见附录3）。国家文物局在《指引》出台前做了大量的研究工作。《指引》参照国际以及相关国家的普遍做法，严格遵照中国关于知识产权保护、著作权、商标权、博物馆管理等相关法律法规要求编制，具有普遍适用性，符合具体实情。

（一）《指引》的基本内容

一是明确授权内容。《指引》首次就博物馆资源授权内容做出了清晰的界定，分为馆藏资源著作权授权、商标权授权和品牌授权等。二是明确授权模式。《指引》详细介绍了直接授权和委托授权两种授权模式，还介绍了独占许可、排他许可、普通许可等三种授权方式的特点以及在操作中的优势和劣势，就一般授权期限等内容提出了实际操作建议。三是明确授权流程。《指引》以直接授权为例详细说明了授权的一般流程，包括明确可授权的内容、发布授权合作信息、选择合适的被授权方、合作洽谈、签订合同、跟踪反馈与监督管理、授权档案管理与纠纷解决等。四是明确权利义务。《指引》界定了博物馆在馆藏资源授权过程中应有的权利和义务、质量控制的要求、产权确权及归属，以及违约行为及其相关责任的具体内容。

（二）《指引》的使用原则

一是尊重文物的原则。博物馆馆藏资源蕴含着民族精神、历史传承的文化理想与追求，具有极其重要的社会公共价值。博物馆及相关文博机构在对馆藏资源著作权、商标权和品牌进行使用和开发时，必须加强审核与监督，要坚持社会效益与经济效益兼顾，社会效益为主的授权原则。二是合理适用的原则。《指引》主要适用于全国各级各类国有和非国有博物馆开展馆藏资源著作权、商标权和品牌授权的具体工作，属于非强制性规定，各文博机构基于自身情况参照使用，并不强制各个博物馆都必须开放资源，必须开展授权。三是因地制宜的原则。在使用《指引》开展授权活动时，博物馆需立足自身情况，围绕本馆资源特色，综合评估授权标的商业价值、使用范围、经营方式等情况，因时制宜、因地制宜，妥善界定授权内容，妥善选择授权方式、授权对象、授权事项等。

（三）《指引》的重要意义

通过博物馆授权实践可以看出文物资源在促活文博机构发展，促进社会创新创造，培育新业态、构筑新动能方面的巨大潜力和勃勃生机。在当前形势下，国家文物局启动编制《指引》，旨在通过《指引》促进博物馆、文化遗产单位有序开放文物资源信息，促进社会各界合理利用文物资源。经过多方研究论证，《指引》的出台是时代使然，发展必然，必将为文博单位文物信息资源、商标、品牌授权工作的有序开展发挥重要作用。此外，《指引》还在文末设置附件，提供了《博物馆馆藏资源著作权、商标权和品牌授权合同》的直接授权范例和委托授权范例两个版本的协议模板，供博物馆直接修改使用，让《指引》具备了极强的示范性和可操性。

二、博物馆文创产品授权合作形式

授权合作是博物馆文创产品项目运营的核心工作与中心环节，博物馆选择授权合作形式显得尤为关键。《指引》中确定了博物馆馆藏资源的直接授权、委托授权的合作模式，对博物馆开展文创产品项目运营时起到启发借鉴作用，而推进文创产品项目运营时，笔者结合多年从事文创产品项目运营实践，建议博物馆可按照阶段性授权和持续性授权进行分类，便于博物馆管理者推进项目实施落地。

(一)直接授权与委托授权

1. 直接授权

直接授权是指规模较大、馆藏资源较为丰富、管理体系较为成熟的博物馆,将馆藏资源著作权、商标权和品牌直接授权给被授权方,获取收益。博物馆使用直接授权方式,有利于主导与被授权方达成签约,有利于保护自身利益。

博物馆需要直接负责授权的接洽、谈判、签约和授权后的指导、监督、管理、图库开发及更新、被授权方打样产品的审核等各项工作。鼓励有条件的博物馆成立专门的授权合作部门,负责授权合作的各项工作,明确职责,指定人员,并与相应的法务部门或合作律师共同对各个环节进行监控,防止法律风险。

2. 委托授权

博物馆可采用委托授权模式,通过委托第三方代理机构,进行馆藏资源与品牌的授权工作,获取收益。在委托授权模式下,博物馆无须直接与被授权方接洽、谈判、拟定授权合同、监督合同的执行等工作,降低了博物馆开展授权工作的难度。但应当做好馆藏资源的梳理,向第三方代理机构明确授权标的、范围、使用方式以及对被授权方资质的要求等。

委托授权模式对博物馆而言存在一定风险。博物馆若采用该模式,需要签订严谨的合同,同时在博物馆自身要有相应的内部控制流程,确保被委托人能够保护博物馆的利益和资源。

3. 直接授权与委托授权模式的选择建议

直接授权与委托授权是博物馆对馆藏资源对外授权模式而进行的分类,《指引》对相关定义、内容、风险等进行分析探讨。博物馆应根据业务需要妥善选择授权模式,采取以直接授权模式为主、委托授权模式为辅的形式推进文创产品项目运营工作。

  直接授权的选用场景：由于直接授权模式运行下，博物馆拥有对授权合作较高的业务掌控力，能有效预防在文创产品合作经营过程中面临的意识形态及舆情风险，因此，直接授权是博物馆应重点采用的合作模式。然而，直接授权要占用博物馆管理人员较多的实施精力，博物馆应根据馆藏资源多寡、财政支持力度、人员编制情况等多层次进行综合研判确定投入文创产品项目运营人员数量，针对博物馆馆藏资源丰沛，财政、编制配备充足的场馆，且文创产品项目运营业务较多，博物馆应投入更多人力、物力加强对相关合作方的监管，甚至对文创产品项目运营工作进行业务细分，以确保博物馆对合作方的业务监管；如博物馆馆藏资源一般，财政支持力度不足、机构人员编制匮乏的博物馆可以适当减少文创产品工作人员，但依然建议博物馆采用直接授权的模式，对博物馆文创产品项目运营合作方优中选优。

  委托授权的选用场景：委托授权相对博物馆直接授权模式来讲，是一种间接授权，主要应用于博物馆文创产品项目授权专业度较高的业务，博物馆难以独立开展实施，必须借助专业团队的力量进行商业性合作，如博物馆打造联名款文创产品、赴商场等公共空间举办文创活动等，笔者建议使用委托授权的方式进行运营。这类产品是博物馆 IP 与商业品牌 IP 的互动，更强调资源的碰撞，博物馆文创产品项目运营人员更多关注文创业务的日常监管和馆藏资源的授权协调，难以掌握适合博物馆 IP 的商业资源，因此，博物馆应形成引入专业商业运营机构承担向商业品牌推介的运行模式，但由于委托授权并非针对博物馆文创产品项目运营的主营业务，因此，博物馆可配合直接授权模式，按需使用委托授权模式。

（二）阶段性授权和持续性授权

直接授权和间接授权主要探讨的是博物馆对馆藏资源向文创产品项目运营管理企业进行授权方式是采用直接形式还是间接形式，并未在文创产品项目运营的实操层面进行解读，因此，笔者结合项目运营实践环节，以授权期限长短分类，可分为阶段性授权和持续性授权。

1. 阶段性授权

阶段性授权是指博物馆将特定馆藏资源向相关机构进行授权且授权期限不长的方式，具有很强的阶段性特征。该方式多见于博物馆与商业品牌联合研发文创的情形，由于该种情形下博物馆与商业品牌的合作多是博物馆基于某个时间节点、定向授权文化资源，推出特定几款文创产品，如打造博物馆×商业品牌的联名款产品；或多见于博物馆与某个商业品牌联合策划举办文创活动，如博物馆在商圈举办文化活动，依托博物馆丰富的馆藏文化资源和博物馆机构的非功利性 IP 为商业综合体赋能，传播博物馆文化，博物馆仅在约定的期间内授权运营方使用特定的馆藏文化资源。

2. 持续性授权

持续性授权是指博物馆与文创产品项目运营管理企业等机构签订较长时间的授权合作协议的方式，具有长期性特征。该方式多见于博物馆与文创产品运营企业联合开发文创产品的情形，由于文创产品项目运营需要历经产品调研、策划、研发、设计、生产、营销等多个环节，运营企业需要投入大量的人力、物力、财力，项目运营本身的长投入、重资本的运作方式要求博物馆与项目运营企业的合作必须是持续性授权。博物馆与文创产品项目运营管理企业之间的合作也多是基于持续性授权而产生的模式选择。

3.阶段性授权与持续性授权的选择建议

阶段性授权与持续性授权虽以授权时间长短进行分类，但对授权时间的长短没有明确界定。就阶段性授权和持续性授权的特点来看，阶段性授权有助于充分调动文创运营企业的工作积极性，持续保持旺盛的市场活力，以免被其他更优秀的文创运营企业所取代；持续性授权有助于文创产品合作企业以更为长远的战略目标开展工作，避免过分注重眼前利益，而影响博物馆与文创产品运营企业的合作效果。在操作层面上看，由于博物馆文创产品项目运营主要以文创衍生产品为载体，辅之以打造联名款产品和推出商业性文创活动，持续性授权的应用场景要远多于阶段性授权，因此，博物馆选择适合场馆自身特点和发展需要，合理选择授权方式，成为推动文创产品项目运营工作的关键所在。

第四节
博物馆文创产品项目运营合作模式

持续性授权下的博物馆文创产品运营合作模式历经了"1+1"模式、"1+N"模式、"1+1+N"模式、"1+N+N"模式等不同发展阶段，每个模式是为适应特定文创产品运营发展阶段而产生，并在原有基础上不断进行优化的结果。博物馆应根据本馆馆情，选择适合本馆自身发展的运营合作模式。

一、博物馆文创产品项目运营合作模式发展

（一）博物馆文创产品项目运营"1+1"模式及其优劣势分析

"1+1"文创产品项目运营模式是指博物馆独家授权1家在文创行业内资金雄厚、经营经验丰富的文创产品供应商统筹博物馆文创产品经营业务的模式，该企业独立承担博物馆文创产品的策划、研发、设计、生产、销售等全流程各环节工作，并对博物馆负责。

此种模式是博物馆较早广泛采用的经营合作模式，其优点在于：一是有利于降低博物馆与项目运营企业的洽商成本。由于文

```
博物馆 ── 文创产品供应商
```
◀ "1+1"模式

创产品项目经营业务专业且庞杂，项目合作需要博物馆与运营企业反复研究对接洽商，确定合作的各项事宜，独家授权可以大大降低博物馆与运营企业的洽商时间成本、精力成本。二是有利于推动项目运营企业熟悉博物馆的开发需求。企业熟悉掌握博物馆文创产品开发需求是推进项目合作的前提，不同主题的博物馆有不同开发策略和侧重点，如科技类博物馆与革命类博物馆的产品开发策略不尽相同，需要博物馆与运营企业不断摸索配合，以达到协同一致，提升工作效率。

与此同时，该模式的弊端也较为显著：首先，博物馆独家授权一家文创运营管理企业使用馆藏资源从事文创产品经营，由于运营管理企业缺少必要的竞争，其文创产品经营的积极性难以得到持续保证；其次，任何一家文创运营企业不可能对所有文创产品品类、领域、主题均具有丰厚的产品研发与项目运维经验，如有的运营管理企业对传统文化主题文创产品开发经验丰富，有的运营管理企业具有深厚的数字文创开发与授权资源，但一家企业难以做到文创产品运营管理的全领域覆盖，进而影响博物馆文创产品项目运营的传播效果。

（二）博物馆文创产品项目运营"1+N"模式及其优劣势分析

"1+N"文创产品项目运营模式是指博物馆授权多家文创产品供应商共同承担博物馆的文创产品开发及营销工作，博物馆可根据各家企业所擅长的领域进行授权开发，各企业独立完成所负责的文创产品策划、研发、设计、生产、销售等全流程各环节的工作，并对博物馆负责。

▶ "1+N" 模式

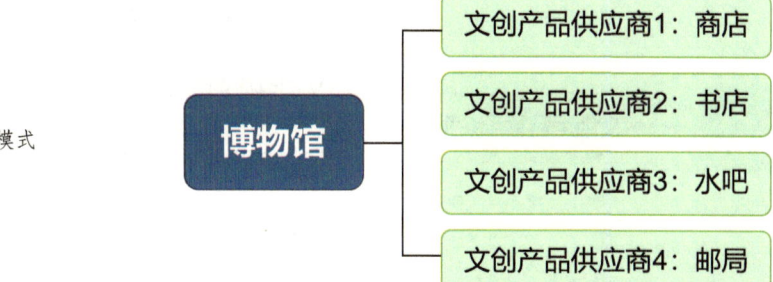

该模式的优点在于，各家文创产品供应商可以发挥自身优势，承接适合自己擅长的文创产品开发经营工作，强调项目研发精细化、协作专业化，由于多家企业共同参与，各企业间能形成"比、学、赶、超"的良性竞争关系，有利于推动博物馆文创产品项目经营的持续、稳定、健康发展。

但该模式的劣势也较为突出，即博物馆相关管理人员需要和不同企业进行业务对接，一方面管理人员要重复与不同企业对接相同的馆藏文物资源授权事宜，牵扯过多精力；另一方面，由于不同的文创产品拥有不同的品类、主题、工艺，管理人员要熟悉掌握每种产品的设计、研发、营销各环节流程，难度较大。此外，由于该模式要求博物馆与合作单位直接合作，往往产品策划"指哪打哪"，缺少对文创产品供应商引进的系统规划，容易影响博物馆文创产品的品牌建设。

（三）博物馆文创产品项目运营"1+1+N"模式及其优劣势分析

"1+N"文创产品项目运营模式是指博物馆独家授权1家文创产品项目运营管理企业统筹博物馆文创产品的策划、研发、设计、生产、销售等全流程各环节工作，并对博物馆负责，文创产品项目运营管理企业根据构建文创品牌需要，与文创供应商展开具体合作，扩大博物馆文创经营的覆盖面，提升市场运营的专业度。

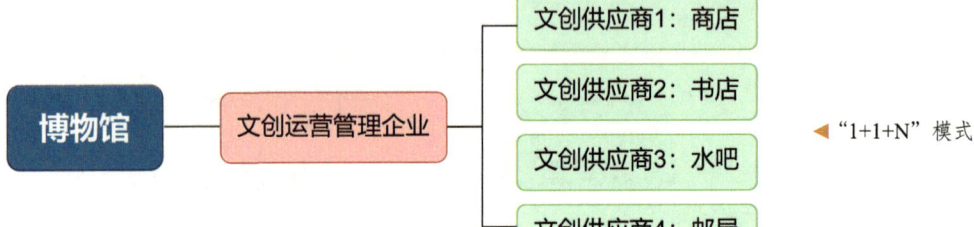

◀ "1+1+N"模式

此种模式很好地填补了"1+1"文创运营模式和"1+N"文创运营模式的短板,形成了"博物馆—文创运营管理企业—文创供应商"的分层级文创产品经营模式,引入项目运营企业扮演"大管家"的角色,秉持"事企分开"的工作原则,能较好统筹博物馆文创产品品牌构建。因此,当前国内诸多没有成立博物馆馆属国有企业从事文创产品项目经营的大馆,如中国人民军事革命博物馆、北京汽车博物馆等国家一级博物馆均采用这种合作模式,取得了较好的社会效益和经济效益。

但该模式也存在一定弊端,即博物馆对文创产品项目运营管理企业的运维水平难以评估、文创产品项目运营管理企业退出机制不畅,以及该企业在取得博物馆文创项目运维资格后,因受独家授权影响,项目运营企业缺少必要的市场竞争,难以持续保持高涨的市场运营热情,从而影响博物馆文创产品运营管理工作。

随着文创产品项目运营管理企业和文创产品供应商的进入,博物馆要明确区分二者的职能定位,避免出现文创产品项目运营管理企业既当"裁判员"又当"运动员"的情况。文创产品项目运营管理企业主要承担文创产品项目运营管理职能,可以进行市场投资,与文创产品供应商共同开发经营产品,但不能承担文创产品供应商的职能,以免出现文创产品项目运营管理企业一家独大的情况,事实上篡夺了博物馆文创产品经营管理权,避免出现架空博物馆的尴尬局面。

（四）博物馆文创产品项目运营"1+N+N"模式

"1+N+N"文创产品项目运营模式是指博物馆同时授权多家文创产品项目运营管理企业共同承担文创产品项目运营工作，各家企业统筹自身推出文创产品的策划、研发、设计、生产、销售等全流程各环节工作，并对博物馆负责，文创产品项目运营管理企业根据构建文创品牌需要，与文创产品供应商展开具体合作，扩大博物馆文创产品项目经营覆盖面，提升市场化运营专业度，从而形成文创供应商协助文创产品项目运营管理企业共同承担博物馆文创产品开发与经营活动的运行机制。

在协同分工上，博物馆主要承担馆藏文物史料、研究成果的授权，对文创产品项目运营管理企业开发的文创产品进行审核把

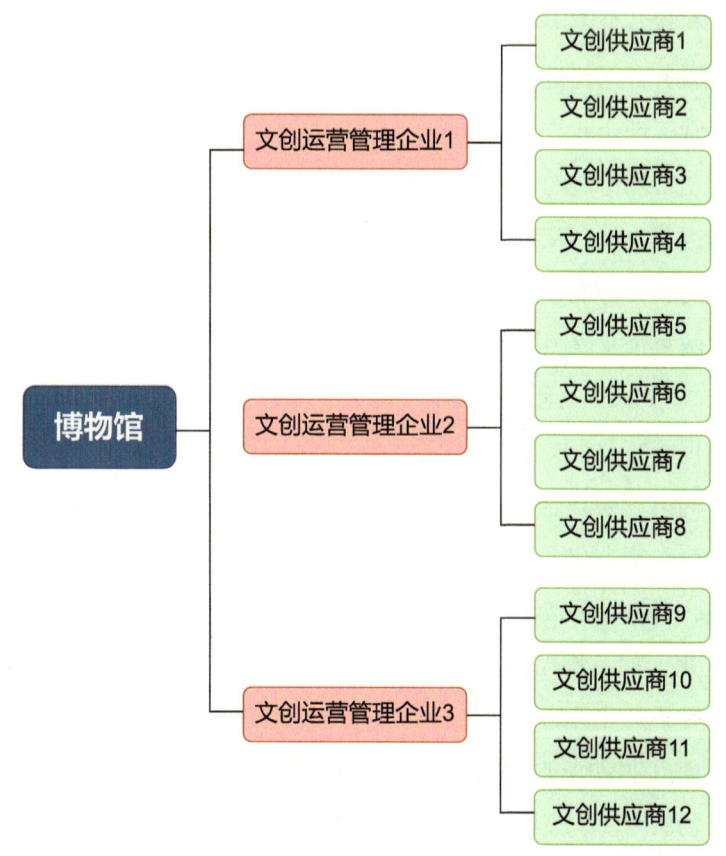

▶ "1+N+N"模式

关，对博物馆文创产品经营行为进行监督管理等工作。文创产品项目运营管理企业是博物馆推进文创产品项目运营的"大管家"，扮演类似于"物业"的角色，对博物馆文创产品开发工作直接负责，该类企业一般应具有丰富的文创开发运维经验，公司规模较大、经济实力强，能承担博物馆文创产品设计开发、市场营销、商业法务等经营活动的全流程业务，各文创产品运营企业充分发挥自身资源优势，独立开展业务，并形成良性竞争协作关系，博物馆如有文创业务需求，可安排文创运营管理企业落实。文创产品供应商一般多为对某一特定领域、主题、品类的博物馆文创产品项目运营业务较有经验的中小规模文创企业，这类企业是文创产品项目运营管理企业合作伙伴，对文创产品项目运营管理企业负责。

在收益分配上，博物馆依照与文创产品项目运营管理企业签订的服务合同约定，可依照经营流水或经营利润，向文创产品项目运营管理企业收取一定授权费用。文创产品项目运营管理企业承担了市场运营的前期资金投入和主要经营风险，可分得相对较多的运营收益；文创产品是由文创产品项目运营管理企业和文创供应商联合开发，在刨除博物馆所收取的授权费后，剩余所得收益由两家企业依照协议约定进行分配。

"1+N+N"运营模式在"小文创"和"大文创"领域有不同的呈现。在"小文创"领域，博物馆可选取多家从事文创衍生品开发的运营管理企业，分别与多家文创衍生品开发供应商对接，多维度、集群化开展文创衍生品的开发经营工作。在"大文创"领域，博物馆可按不同品类的文创产品，选取相应的文创运营管理企业，如博物馆可选择文创衍生品类、研学教育类、展览服务类等不同业务的文创运营管理企业，再分别与与之相匹配的多个文创衍生品类文创供应商、研学教育类文创供应商、展览服务类文创供应商、文物服务类文创供应商等进行接洽。例如，文创衍生品类文创运营管理企业可统筹博物馆商店、书店、水吧、邮局等供应商的管理，研学教育类文创运营管理企业可统筹管理提供付费讲解、研学活动等业务供应商，展览服务类文创运营管理企业可统筹提供展览策划、设计、施工布展、咨询等业务的供应商，文物服务类文创供应商可统筹管理文物修复、复制仿制、托运、保险等供应商，由于博物馆文创产品的边界拓展，博物馆将不再受制于财政拨款水平、人员编制数量等传统要素，呈现出博物馆"无边界"发展的新形态。

"1+N+N"文创产品项目运营模式是在"1+1"模式、"1+N"模式、"1+1+N"模式基础上不断发展优化的产物，是解决公益一类博物馆文创产品项目运营难点、卡点、堵点的积极探索，具有较好的可操作性：一是确保博物馆文创产品项目运营的合规性。公益一类博物馆不能取得经营性收入是政策"红线"，加之被文旅部门列入文创产品"试点单位"的博物馆数量有限，公益一类博物馆通过成立馆属国有企业从事博物馆文创经营存在一定违规风险，而在"1+N+N"文创产品项目运营模式下，公益一类博物馆充分发挥社会企业力量开展经营性活动，产生的文创产品经营收益依照政策细则全额上缴财政或是进行激励分

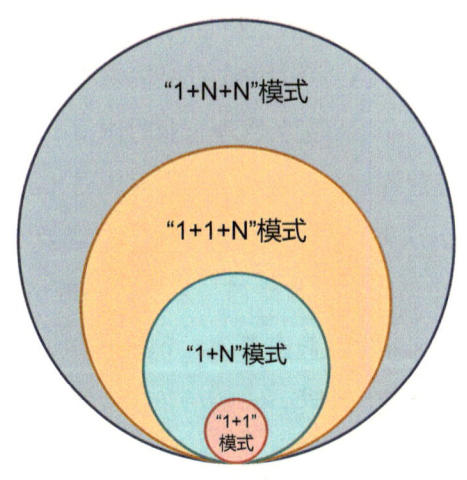

▶ 博物馆文创产品项目运营合作模式发展

配，秉承了公益一类博物馆"收支两条线"的运行规则，为博物馆从事文创产品项目运营工作的管理者吃了一颗"定心丸"。二是依靠市场竞争调动社会企业参与文创产品项目运营的积极性。"1+N+N"文创运营模式同时引入多家颇有经验的文创产品项目运营管理企业，避免了公益一类博物馆陷入选择文创产品服务企业时"一棵树上吊死"的被动局面，运用各服务企业间的竞争，调动项目运营企业为博物馆提供文创产品运营服务的积极性。三是凸显社会资源参与博物馆文创产品项目运营的广泛性。在"1+N+N"文创产品项目运营模式下，博物馆可以分层级、成体系推动博物馆文创产品经营工作，由于博物馆工作人员受编制等因素制约，同时对接协调众多文创企业难度较大，引入多家文创产品项目运营管理企业作为"大管家"代理博物馆与其他文创产品供应商对接，提升了博物馆文创产品项目运营的工作效率。四是彰显博物馆文创合作运营的专业性。"1+N+N"文创产品项目运营模式引入了对市场经营更为专业的文创产品项目运营管理企业，相关企业在文创产品开发、设计、生产、营销、法务等多流程，以及对传统文创产品、数字文创产品等多品类开发具有较丰富的经验，提升了博物馆文创运营的专业性。

博物馆文创产品项目运营从"1+1"模式、"1+N"模式、"1+1+N"模式逐步发展再到"1+N+N"模式，是博物馆文创经营运行机制为适应社会公众对文创产品需求的积极应对。在此发展过程中，文创产品项目运营管理企业的作用不断凸显，专业化的博物馆文创运营管理企业的市场需求逐步提升。然而，目前文博行业内尚缺少这类专业化运营管理企业，需要在市场范围内，从熟悉博物馆文创产品运营规律，且有一定经济实力、运维经验、链条完善的文创供应商中遴选，不断推动博物馆文创产品经营管理业务逐步完善、升级。

二、博物馆文创产品项目运营合作模式选择建议

在上述博物馆文创产品项目运营模式比较中,我们可以发现无论是在模式的完善程度、可拓展程度方面,"1+N+N"运营模式具有"1+1"运营模式、"1+N"运营模式、"1+1+N"运营模式所不具备的优势,是理论上较为适宜的选择模式。然而由于各家博物馆的馆藏资源禀赋、场馆职责定位、资金支持水平、社会关注程度、受众覆盖范围等均不相同,完全硬搬照抄、借鉴复制某一种文创产品项目运营合作模式也并非科学合理之举,基于博物馆自身特点具体问题具体分析,选择适合场馆发展的文创产品项目运营模式尤为关键。

不同博物馆的馆藏资源丰厚程度、行政级别的高低、财政资金支持力度、场馆职责定位与受众群体覆盖范围等要素均不相同,但遵照上述场馆要素条件最好的博物馆,应适配结构更复杂的运营合作模式原则。我们可以参照上述场馆要素条件,将博物馆较笼统地区分为大型博物馆、中型博物馆和小型博物馆,并结合文创产品项目运营合作模式进行选择推荐。

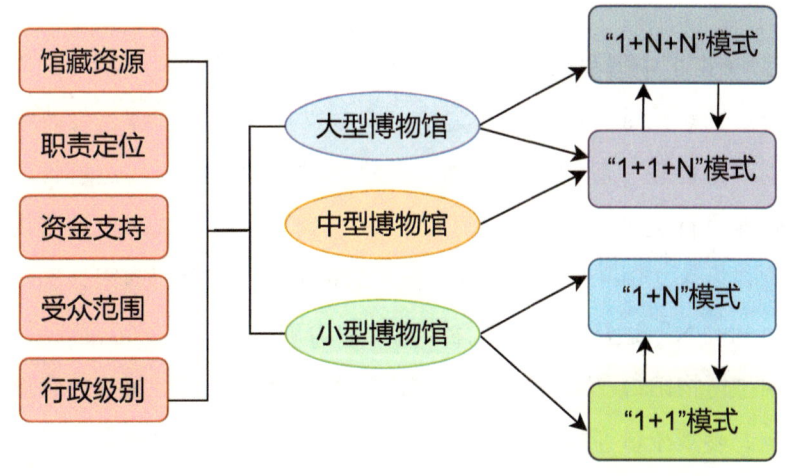

▶ 博物馆文创产品项目运营合作模式选择

（一）大型博物馆的文创合作模式选择建议

针对馆藏资源丰厚、资金支持充沛、受众覆盖范围广泛、职责定位与行政级别较高的大型博物馆，拥有较庞杂的文创产品项目经营业务，建议采用"1+N+N"或"1+1+N"运营模式。大型博物馆资源禀赋好、社会关注度高，馆藏资源较容易通过文创产品转化为社会效益与经济效益。"1+N+N"和"1+1+N"运营模式的"博物馆+文创产品项目运营管理企业+文创产品供应商"的三层级运行机制可以推动博物馆文创产品项目兼顾精细化和广泛化运营。如博物馆文创产品项目经营业务发展相对成熟且较为庞杂，从事文创相关工作的博物馆工作人员充足，博物馆可采取"1+N+N"运营模式，以保证博物馆对项目运营企业强有力的业务监管；如博物馆文创产品项目运营尚处起步阶段，可采用以"1+1+N"运营模式为主，以"1+N+N"运营模式为辅的运行方法。前期采用"1+N+N"运营模式广泛调动社会资源参与博物馆文创产品项目运营业务，依靠大浪淘沙、优胜劣汰的自然法则，选定运营水平高、服务意识好、配合意愿强的文创产品项目运营管理企业进行长期合作，即从"1+N+N"运营模式逐步向"1+1+N"运营模式过渡，在确保运营水平不下降的前提下，逐步提高文创产品项目运营效率。

（二）中型博物馆的文创合作模式选择建议

针对馆藏资源、职责定位、资金支持、受众范围、行政级别等方面较一般的中型博物馆，建议对文创产品项目运营管理企业进行优中选优，建议采用"1+1+N"运营模式。中型博物馆在投入文创产品项目运营工作上的精力和资源相对有限，选择"1+N+N"运营模式必要性不高，但为确保文创产品运营效果，中型博物馆可在国内文博行业内广泛调研相似规模体量、社会影响、参观流量等博物馆的文创产品运营经验，选择1家具有丰富博物馆文创产品运营管理经验的企业为场馆提供服务，以最小的试错成本获得较好的社会效益与经济效益。

（三）小型博物馆的文创合作模式选择建议

针对馆藏资源、职责定位、资金支持、受众范围、行政级别等方面并不占优势的小型博物馆，经营文创产品主要定位于向观众提供基本的参观服务，建议采用"1+1"运营模式。由于该类博物馆开展文创产品项目经营的基础相对薄弱，产品研发的市场前景一般，运营文创产品的压力不大，博物馆可采取寻找地方文创产品研发设计公司直接承担文创产品的策划、研发、设计、生产、销售等业务，并为社会公众提供非加工餐食饮品的售卖，以满足人民群众的基本参观需求。如小型博物馆文创产品项目运营尚处于起步阶段，可采用与大型博物馆相似的操作，选择以"1+N"运营模式为主，以"1+1"运营模式为辅的运行方法，在实践中选定运营水平高、服务意识好、配合意愿强的文创产品项目运营管理企业进行长期合作，即从"1+N"运营模式逐步向"1+1"运营模式过渡，在确保运营水平不下降的前提下，逐步提高文创产品项目运营效率。

需要补充的是，笔者对大型、中型、小型博物馆的判定，以及与"1+1"运营模式、"1+N"运营模式、"1+1+N"运营模式、"1+N+N"运营模式并非绝对化对应，而是需要博物馆综合评估本馆馆情后做出符合自身发展要求的模式选择。

三、博物馆文创产品项目运营合作模式注意事项

（一）加强对相关合作企业的监督管理

博物馆无论是选用"1+N+N"运营模式还是"1+1+N"运营模式，都应该加强对"中间方"文创产品项目运营管理企业和

文创产品供应商的监督管理，签订授权合作协议，明确细化运营管理企业的职责义务。

一是文创运营管理企业负责文创产品的研发设计、生产、宣传推广、销售、仓储物流、售后等工作，并承担因此产生的所有费用。因产品设计、产品质量产生的任何责任或争议等均应由文创运营管理企业自行解决，给博物馆造成的任何损失或责任同样由文创运营管理企业承担。

二是文创运营管理企业及文创供应商应满足法律法规对生产、销售该产品的资质要求、行业标准，并按协议约定向博物馆提交企划书、进行产品报审、备案等。文创运营管理企业应确保所有活动均符合相关法律法规及行业标准的要求。

三是文创运营管理企业应就生产、销售等建立单独台账，详细记录产品名称、规格、数量、生产日期、销售日期等信息，并接受博物馆的监督检查。文创运营管理企业应定期向博物馆提交台账报表，以便博物馆了解生产、销售等情况。

四是文创运营管理企业不得将协议约定的权利义务，以任何形式转让或授权给第三方。文创运营管理企业有权根据实际需求，委托具备相应资质的第三方协助实现合同目的，前提是该委托仅限于为履行协议所必需的辅助性工作，且文创运营管理企业应对第三方的行为承担全部责任。如文创运营管理企业转让博物馆授权内容，超出必要辅助性工作范围的委托，文创运营管理企业需承担违约责任，并赔偿博物馆因此遭受的一切损失。

五是文创运营管理企业应严格保密项目涉及博物馆的元素资料，不得用于协议之外的其他任何目的。

六是文创运营管理企业应独立承担文创产品的售后和产品质量责任，因产品质量问题造成他人权益侵害的，由文创运营管理企业自行承担全部责任，与博物馆无关。文创运营管理企业应确保文创产品符合相关质量标准，并承担因产品质量问题引发的一切后果。

七是文创运营管理企业应对因履行博物馆信息及商业秘密承担保密义务，不得向任何第三方泄露。

八是文创运营管理企业应无偿参加博物馆要求的文创产品展示、展销活动，并根据博物馆需求委派相关销售人员参加相关活动。文创运营管理企业需承担因参加活动而产生的所有费用，并确保委派的销售人员具备专业能力和良好的服务态度。

（二）厘清管理企业和供应商的责权关系

博物馆要处理好与文创运营管理企业和文创供应商的关系，文创运营管理企业直接对博物馆文创运营工作负责。一是发挥文创运营管理企业的职能作用。在"1+1+N"运营模式和"1+N+N"运营模式下，博物馆应充分发挥文创运营管理企业的作用，压实其作为第一责任人的职责，遵循文创运营管理企业对博物馆负责、文创供应商对运营管理企业负责的模式运行逻辑，而非博物馆直接插手管理文创供应商，造成运行模式流于形式，管理混乱的局面出现；在经营收入管理上也要遵循相关模式运行逻辑，即文创供应商按照协议约定向文创运营管理企业支付分成比例，文创运营管理企业在收入分成基础上，提取相应服务费用，再由文创运营管理企业向博物馆支付授权合作分成。二是加强对文创供应商经营活动的监督管理。由于文创供应商要在博物馆内承担博物馆文创空间的经营销售工作，甚至承租博物馆国有土地，其经营活动行为必须接受博物馆的监督管理，特别是文创供应商与文创运营管理企业的合作协议需交博物馆备案，双方的分成比例、产生的经营性收入等情况必须受到博物馆监管。

第五节
博物馆文创产品项目运营保障

博物馆应加强对文创产品项目运营工作的服务保障，要厘清文创产品项目运营工作流程，准确把握社会效益与经济效益、文博场馆与社会企业、资金投入与分配、产品售卖与交流馈赠之间的关系。博物馆还应注重文创产品项目运营的制度机制建设、流程合规运作、运营档案整理、知识产权保护等保障措施，确保经营性活动的合理、合规、合法运转。

一、选定文创运营合作企业的工作要点

文创产品项目运营属于经营性活动，对过去较高依赖财政资金支持的博物馆机构而言属于"新生事物"，选定文创运营合作企业是推动文创运营工作的起始环节，由于其操作流程不同于常规财政资金支持项目的比选招标规则，博物馆应更加注重项目运营工作的流程监管，确保工作合规化运行。由于能成立国有企业承接文创产品项目运营业务的博物馆相对较少，故不在此单独讨论，仅以博物馆招募文创运营合作企业合作进行探讨。选定文创

运营合作企业要经过确定合作模式、调研合作企业、发布合作企业征集公告和最终确定文创运营合作企业四个步骤，相关工作要点分析也将围绕工作步骤展开。

（一）确定文创项目运营合作模式

确定文创项目运营合作模式是选定文创运营合作企业的工作起点。博物馆应基于本馆特点，从"1+1"运营模式、"1+N"运营模式、"1+1+N"运营模式、"1+N+N"运营模式中精心选择本博物馆的文创项目运营合作模式。广泛调研各等级博物馆的文创项目运营情况，特别要注重加强对与本博物馆的行政级别、场馆定位、馆藏资源、受众群体、参观人数、财政支持水平、人员编制等内外部因素相似的博物馆的调查研究力度，积极学习借鉴其文创项目运营合作模式，探索出一条适合本馆馆情的文创运营合作发展路径。调研中切忌硬搬照抄已取得行业内成功的文创项目运营合作模式，可组织专家团队在充分调研了解博物馆和实地走访文创经营区后，对文创项目运营合作模式的选择提供咨询服务。

（二）广泛调研文创运营合作企业

广泛调研文创运营合作企业是做好博物馆文创运营的基础。博物馆要加大对文创运营合作企业的调研力度，包括文创运营管理企业和文创供应商两个层面。文创运营管理企业要具备丰富的文创运营管理经验，拥有独立开发文创产品的能力，同时拥有丰富且优质的文创供应商资源，具备较强的工作执行力，能够及时、准确、高效地完成博物馆交办的各项经营任务。文创供应商要具备多品类文创产品的设计研发能力，以及完善的产业链供应体系。优质文创运营合作企业来源主要有两类：一是其他博物馆推荐。在博物馆文创行业内取得一定成功的文创运营合作企业，可以由其他博物馆进行推荐，被推荐企业的博物馆可以在已获得成功的博物馆基础上，借鉴相关文创运营合作路径，确保文创产品项目的运营成效。二是文创运营合作企业自荐。文创运营合作企业通过自我推荐的方式与博物馆取得合作联系。博物馆要加大对相关企业的调研力度，精心研判文创运营合作企业在自我推介时表述的运营能力与实际运营水平之间的差距。

（三）上报运营合作企业征集方案

博物馆文创运营管理部门起草文创运营合作企业征集工作方案，应包含"征集公告"和评审方案等内容，上报博物馆馆长会或党委会，通过集体研究的形式，确定征集的要求、方法和流程。若在文创运营政策导向不明朗的情况下，博物馆还可在馆长会或党委会研究意见基础之上，将征集方案报送上级主管单位，并获得上级领导的批示，以降低博物馆文创产品项目运营的合规风险。

（四）发布运营合作企业征集公告

发布文创运营合作企业征集公告是博物馆公开公正遴选合作单位的最好体现。随着巡视巡察及财务审计逐步推向深入，文创"合规"运营成为博物馆运营工作的重要着力点。文创运营合作企业的征集公告要体现博物馆基本介绍、文创运营模式、合作期限、申报资格要求、报名方式、选拔流程等相关内容，并明确申报单位应提供证明符合申报资格要求的相关材料，便于博物馆进行内部评审。征集公告示例可见《博物馆文创运营管理单位合作意向征集公告（示例）》（全文详情请见附录4），为相关博物馆提供借鉴参考。

（五）研究选定文创运营合作企业

博物馆研究选定文创运营合作企业时，应确保流程公平公正。博物馆应加强党委班子对文创工作的组织领导，博物馆可参照项目比选方式召开文创运营合作企业评审会，可邀请外单位专家参会，通过考察企业规模和过往业绩，重点评估文创运营合作企业的业务水平和工作执行力，形成会议纪要，上报博物馆党委会研究确定拟选用的文创运营合作企业，如有必要博物馆还可将评审结果进行公示，以接受社会各界监督。建议博物馆在合作初期不要轻易确定某家合作企业，而是采取循序渐进的工作思路：一是逐渐提高授权合作的签约年限，而非一次性签约3—5年，以免出现文创运营合作单位实际运营水准与前期承诺不符的情况，多年占用博物馆文创空间，却不能提升博物馆的公共服务水平，彻底锁死博物馆文创运营的未来发展空间；二是引入多家文创运营合作单位，形成"比、学、赶、超"的良性竞争局面，不断提高文创产品的研发设计与运营管理能力，而非直接采取独家授权的方式，难以评估文创运营合作企业的管理水平。

二、博物馆文创产品项目运营要处理好的四对关系

为更好地推动文创产品项目运营工作，除确立基本的文创产品运行机制外，博物馆还应处理好正确理解社会效益与经济效益、准确把握文博场馆与社会企业、妥善处理文创资金投入与分配、统筹协同场馆文创售卖与交流四对关系。

（一）运营目标：正确理解社会效益与经济效益的关系

基于博物馆的职能定位和使命，博物馆管理者必须厘清文创产品置于博物馆业务中的地位作用，准确把握博物馆文创产品带来的社会效益与经济效益。一方面，公益一类博物馆要将文创

产品运营的社会效益置于首要位置，确保意识形态传播方向不跑偏。传承中华优秀传统文化是博物馆最重要的职责使命，文创产品是近年来兴起的博物馆实现文化传播职能的重要手段，但不能因为传播方式的革新而弱化了博物馆的公共属性。另一方面，博物馆要注重经济效益的产出，活化利用中华优秀传统文化。博物馆引入文创产品项目运营管理企业，运用市场手段盘活博物馆馆藏资源，实现文化传播。在博物馆"1+N+N"运营模式下，由于博物馆和文创产品项目运营管理企业密切的合作关系，公益一类博物馆为全额拨款事业单位，没有经营创收压力，而文创产品项目运营管理企业要通过利润维持日常业务运转，博物馆必须为文创产品项目运营管理企业提供必要的资源支持，为运营企业盈利创造条件；但由于企业主体追求经济利益，又可能会导致博物馆市场营销的运作方式出现低俗化和过度商业化的倾向。[1] 公益一类博物馆要加强对文创产品项目运营管理企业的监管，避免出现意识形态问题和社会舆情事件。

（二）职责分工：准确把握文博场馆与社会企业的关系

"36号文"明确指出"事企分开"的文创运营原则，为公益一类博物馆文创产品项目工作发展指明了方向。公益一类文博场馆作为收藏、研究、展示、传播中华优秀传统文化的专门机构是文化资源方，社会企业拥有雄厚的社会资本、市场经营经验、灵活的运营机制，是资金方和运营方，要让资源、资金、运营强强联手，产生"1+1+1＞3"的效果。在博物馆"1+N+N"运营模式下，公益一类博物馆与文创产品项目运营管理企业明确职责分工，秉持"专业人做专业事"的工作原则，博物馆必须保持公共

---

[1] 王航：《文化产业促进法视角下博物馆行业文化产业发展述论》，载中国博物馆协会文创产品专业委员会编《博物馆文创实践与研究》，学苑出版社，2022。

性底线，依托丰富的馆藏资源，向文创产品项目运营管理企业授权开发，同时对文创产品项目运营管理企业的经营行为予以监督管理，确保博物馆文创产品的意识形态传播不跑偏、不走样。文创运营企业是公益一类博物馆文创产品项目经营的重要参与者，充分发挥其在资金来源、市场运作、人才配备等方面的优势，扮演好博物馆文创产品开发与经营"大管家"的职责，让更多有主观意愿、有能力责任、有社会资源的企业主体参与到博物馆建设中来，增加博物馆运营活力、盘活博物馆馆藏资源、降低博物馆开放的财政负担，更好地满足人民群众日益增长的博物馆文化需求。

（三）投产分成：妥善处理文创资金投入与分配的关系

博物馆文创产品项目运营的关键是确定投入方和收入分配比例。公益一类博物馆文创产品开发活动依照资金来源分为两种类型，一类来源于财政，公益一类博物馆向文创产品开发企业支付文创产品研发、设计、生产所需的各项费用及服务费，所开发的文创产品不得从事经营售卖，仅可进行交流赠送。另一类来源于社会资本，社会运营企业承担文创研发、设计、生产、销售的全部投入，该种类型下研发的文创产品可以进行对外销售，运营企业可获取经营性收益。在博物馆"1+N+N"运营模式下，公益一类博物馆通过授予文创产品项目运营管理企业取得馆藏文物资料的使用权限，获得少部分文创产品项目经营收益；文创运营企业作为资金投入方和市场风险承担方，将分得较大部分的文创产品项目经营收益。由于公益一类博物馆无法取得经营性收益，所获得的文创开发授权费用需全额上缴上级财政，以保持公益一类博物馆的公共属性。文创产品项目运营管理企业通过市场运作获得的博物馆文创产品项目经营收益可根据需要用于企业职工的工资支付、扩大再生产的二次投资等。

（四）能效转化：统筹协同场馆文创售卖与交流的关系

博物馆文创产品用途广泛，除直接用于市场化销售外，免费赠送交流也不可忽视。一般文创产品的赠送分为两类：一是博物馆间的馆际交流，如举办相关博物馆主题会议赠送的博物馆文创产品、博物馆公务接待向相关单位赠送的体现本馆特色的文创纪念品。二是博物馆与社会公众进行的交流互动，如博物馆为推广某项活动，调动社会公众群体参与博物馆活动的积极性，赠送给获奖社会公众，或是赠送给对博物馆有帮助的社会群体。由此可见，博物馆赠送交流文创产品的应用前景非常广阔，博物馆自身对文创产品的需求量也十分巨大。为填补该类用途空白，过去公益一类博物馆采取的是通过申请财政资金进行文创开发，但由于近年来财政对博物馆文创产品的支持力度普遍下降，申报预算不易获批，且具有制作"礼品"之嫌，故申报财政预算进行文创开发的可行性越来越低、受审计风险越来越高。在博物馆"1+N+N"运营模式下，公益一类博物馆虽不能产生经营性收入，但可在收取一定文创产品开发授权费基础上，根据文创产品项目企业的营收情况，让文创产品项目运营管理企业承担公益一类博物馆日常交流赠送所需的文创产品，以达到降低运营文博场馆财政开支压力的目的。

三、博物馆文创产品项目运营的保障措施

博物馆文创产品项目运营在我国现有文化体制语境下仍然是个新事物，尤其是公益一类博物馆在开展文创产品项目运营实践时，如何保证经营性活动的合规、合理、合法显得尤为关键。博物馆机构接受上级单位组织的巡视巡察和财务审计的频次逐步增多，文创产品项目运营涉及经营性收入，博物馆要加强内部管理，确保文创产品项目运营管理经得起问询审查。

（一）加强制度机制建设

文创产品项目运营管理要在严格的制度与规矩下运行，博物馆要在文创产品的设计研发、运营监管、经营分配等方面加强制度建设。具体来看，一是制定文创产品研发制度，包含品牌授权与使用、产品开发、质量工艺管控等管理办法细则，从产品研发的源头阶段加强监督管理。二是制定文创产品运营监督管理制度，包含市场营销、知识产权保护、安全管理办法等，提升文创产品线上线下的管理流程和管理水平。三是制定文创产品合作经营分配制度，包含合作经营管理办法、绩效激励管理办法等，打通文创产品项目运营的"收入来源"和"分配渠道"，推动博物馆文创产品项目运营健康、稳定、可持续发展。

（二）加强流程合规运作

合规是博物馆文创产品运营的"生命线"，具有一票否决作用，文创产品运营管理属于经营性活动，国有博物馆由于要接受巡视巡察及财务审计，必须审慎处理，加强工作流程的合规运作。一是多向上级主管部门请示汇报。随着人民群众对博物馆文创产品的需求日益增长，博物馆文创产品运营管理属于新生事物，相关管理规定亟待出台，在政策意见落实不明朗的情况下，博物馆为稳妥推动文创运营管理工作，可多向上级请示汇报工作方案，在上级主管单位指导下开展工作，尽可能地规避因私作决定，导致产生合规风险。二是选用公开公正的流程。博物馆在选择文创产品项目运营管理企业、文创产品供应商等环节中要秉持公开、公正的运作流程，公开招募合作企业，博物馆内部应建立公正的评选机制，经得起社会公众的监督。三是提升文创工作的审批规格权限。博物馆对涉及文创产品运营管理相关事项，审批决策权限从低到高依次为博物馆文创工作经办人、文创经营管理部门负责人、分管副馆长、馆长，接下来是博物馆馆长会研究确

表3-2　博物馆文创产品项目运营制度建设框架

制度名称	办法细则	范畴	主要内容
文创产品研发制度	品牌授权与使用管理办法	品牌标识规范	博物馆应将其名称、简称、标志图形、馆藏资源的名称及元素等具备商标构成要素的部分申请注册为商标；标识需体现博物馆文化特色，如融入文物元素、建筑特征或历史符号；品牌标识需在文创产品包装、宣传物料及销售渠道中显著展示。
		IP开发授权机制	建立以博物馆为主导的IP授权体系，明确授权范围、合作方资质审核及授权收益分配规则，确保品牌价值与文化遗产的规范使用。
	产品开发管理办法	设计开发原则	设计须符合博物馆文化定位，突出古典性、艺术性与实用性，禁止偏离主题的创意设计。优先挖掘馆藏文物资源，提炼文化符号（如纹饰、历史典故等），确保产品文化内涵与原创性。
		开发流程规范	设立专门研发团队，提炼文物核心元素，确定主题，避免偏离博物馆文化定位设计风格，需兼顾传统美学与现代审美，将文物元素转化为可量产的视觉符号。
		审核管理规范	加强对产品的意识形态管理，制定产品研发设计的审核把关机制，确保文化传播不跑偏、不走样，博物馆学术委员会审查设计方案，推动产品量产。
	质量工艺管控办法	生产标准规范	制定材料选择、制作工艺、检验流程的标准化要求，设立质量验收环节，淘汰不合格产品，建立全流程质检标准，重点核查文创产品的标识印刷、包装合规性及文化表达准确性。
		安全合规标准	确保产品符合国家相关安全标准（如儿童用品安全性等），定期抽查并公示检测结果。

续表

制度名称	办法细则	范畴	主要内容
文创产品运营监督管理制度	市场营销管理办法	优惠层级标准	设立会员制度,为会员提供专属的文创产品购买渠道和优惠活动;消费者通过参与活动、购买产品等方式积累积分,并用于兑换文创产品或享受折扣,不定期举办主题促销活动,如节日促销、季节性促销等,对于长期合作的被授权方或合作企业,给予一定的优惠。
		动态评估机制	定期审查产品市场反馈与文化传播效果,建立公众意见收集渠道,优化运营策略。
	知识产权保护管理办法	版权与商标管理	要求所有产品遵守《著作权法》《商标法》,禁止侵犯第三方知识产权,建立馆藏文物衍生品版权登记及维权机制,及时对文创产品进行知识产权申请,包括版权、商标权、专利权等。
		授权风险防控	法律风险防控,博物馆需确定自身是否拥有馆藏资源的著作权、商标权等知识产权,授权合同应明确授权标的、范围、性质、期限、费用及支付方式、产权归属、质量控制、违约责任等关键条款。
	安全管理办法	保卫安全	文创空间出入口需设置智能门禁系统,展柜、库房使用防爆玻璃及防盗锁具,重点区域安装红外报警装置与24小时视频监控系统,配备经过专业培训的安保人员,每日至少开展3次定点巡查,重点关注人流密集时段及闭馆后安全隐患。
		消防安全	根据空间面积及结构,设置室内消火栓、自动喷淋系统及烟感报警装置,文创商品仓库需配置气体灭火系统,避免水渍损害藏品,电器线路须穿金属管保护并定期检测;临时活动用电需提前报备并配备漏电保护装置。

续表

制度名称	办法细则	范畴	主要内容
文创产品合作经营分配制度	合作经营管理办法	国有资产租赁合作规范	根据资产价值和租赁期限划分审批权限；必须委托专业机构对资产价值进行评估，租金不得低于评估价，防止低价流失；通过产权交易所等公开平台招标或竞价，避免暗箱操作；租金收入全额上缴财政，纳入预算管理。
		授权合作规范	博物馆文创产品授权合作规范以保障文化资源合理利用、维护国有资产安全为核心，需遵循法律法规及行业指引，确保社会效益与经济效益平衡。允许博物馆与跨领域企业合作，但需限定合作范围，保持博物馆公益属性。
	绩效激励管理办法	规范财务管理	以规范资金使用、保障国有资产安全为核心，结合文创产品开发特点，形成涵盖预算、收支、监督的全流程管理体系。
		收益分配机制	明确文创收入用于博物馆事业发展的比例，建立员工绩效考核与收益挂钩的激励机制。

定和博物馆党委会研究确定等流程，前四个流程为管理负责人确定，后两项为博物馆领导集体研究决策，博物馆文创工作负责人可根据事项的重要程度，适当提高工作的审批规格权限，实现由低层级管理人员决策向高层级管理人员决策、个人决策向集体研究决策转变，确保博物馆文创产品经营管理活动合规、严谨。

（三）加强运营档案整理

当前，巡视巡察与审计已成为推动博物馆不断加强自身管理的有效抓手，文创产品项目运营的经营属性将成为各项工作检查的重中之重。巡视巡察与审计等检查是对博物馆档案管理能力的最好试验场，在实际操作方面，由于巡视审计时往往涉及的事项多为数年之前的业务,加之博物馆部门负责人面临轮岗、退休等人事变动,被巡视检查的当事人往往难以解释清楚他未曾经手的业务,为博物馆接受巡视带来一定负面影响。因此,博物馆要加强文创产品项目运营的档案整理工作,相关档案应包括文创产品项目运营的所有过程中文件:产品设计方案、产品价格市场调研报告、产品设计方案与定价的请示批复、研究确定文创产品研发与经营相关会议的会议纪要、文创产品授权合作协议、文创产品运营企业的经营报告等档案资料,博物馆应安排专人进行收集管理,制作档案管理目录,并进行扫描及电子化存档,方便工作人员的查阅,形成闭环管理。

(四)加强知识产权保护

博物馆文创产品项目运营是基于博物馆馆藏资源的文化版权产业实践,加强博物馆各项资源知识产权的保护是推动文创产品开发经营的前提。博物馆应从以下五个方面加强知识产权保护:一是对重要馆藏资源进行知识产权登记。博物馆开展文创产品项目运营业务主要依靠知识产权授权工作,而授权的前提便是"有权可授"。博物馆可以梳理馆藏资源,对一些便于开发文创产品馆藏资源、无产权争议的现代主题馆藏资源、博物馆创作的主题展览、社教活动等特殊资源进行知识产权确权登记。二是制定知识产权授权费用标准。不同资源、不同应用场景的知识产权授权价格会有不同,博物馆要加强知识产权资源梳理并制定知识产权授权的收费标准,以备在授权实践中运用。三是对馆藏资源知识产权进行专业评估。由于博物馆的馆藏资源是国有资产,按照相关规定,由国有资产产生的经营性收益是应上缴国家财政的,然而博物馆的文化遗产的价值难以被进行量化评估,如同一件文物因收藏在不同博物馆,其社会价值或许会有不同,标准难以制定。因此,目前对馆藏资源的知识产权评估实践一直推进缓慢,或许随着文创行业的不断发展成熟，官方制定的权威评估标准、评估机构会出现，推动文创产品项目运营逐步合规。四是争取文创产品设计知识产权归属馆方所有。博物馆文创产品的知识产权是博物馆与设计开发团队共同持有，建议博物馆在与文创产品合作投产之前，通过协议约定无偿或有偿获取该产品设计的知识产权，从而降低博物馆文创产品项目运营的版权争议风险。五是加强对外知识产权保护力度。博物馆通过舆情监测团队、文创经营团队广泛监测市场中在未经博物馆授权情况下经营销售博物馆IP的文创产品，及时安排法务团队保护博物馆的合法权益，维护健康有序的市场经营秩序。

第四章 博物馆文创产品开发设计

　　文创产品开发设计是博物馆文创产品运营实践的核心环节，文创产品设计研发人员要明晰博物馆的定位，包括博物馆的类别和同类别下本馆推进文创产品项目运营与产品设计的优劣势情况，提出差异化的文创产品开发设计方向，打造博物馆专属的文创品牌，在文创品牌的统筹下推进文创产品设计，剖析当前博物馆文创产品研发设计中遇到的普遍难点并提出解决方案，打通博物馆文创产品的营销渠道和反馈机制，探讨博物馆文创产品开发面临的挑战与应对方法。

第一节
博物馆类别与定位

博物馆的类别与定位直接决定了文创产品开发设计的全流程，也是文创产品呈现出不同风格特点的最深层次原因。不同场馆类别决定了不同的产品设计风格，例如，革命纪念类博物馆的文创产品要求严肃庄重，自然科技类博物馆的文创产品可以多一些生动、可爱要素等。因此，在探讨博物馆文创产品开发设计之前，必须分析一下博物馆类别，产品设计研发人员基于所属类别，结合本场馆的文化资源进行优劣势分析，进而确定博物馆文创设计品牌定位和具体产品的设计方案。

一、博物馆类别

近年来，我国博物馆事业飞速发展，2011年以来，我国博物馆数量呈增长趋势，平均每2天新增1家博物馆，已达到平均20万人便拥有一座博物馆的水平。全国登记备案的博物馆数量不断增长，最新统计数据显示，2024年度全国博物馆备案数量达到7046家，其中新增博物馆数量213家，行业博物馆、专题博物馆、高校博物馆、社区博物馆蓬勃发展，类型丰富、主题多元的现代博物馆体系基本形成。聚焦博物馆文创产品开发设计实践，面对如此庞大的博物馆数量，必须搞懂弄清博物馆的类别，明晰不同场馆的特点，方能更好地推动文创产品设计工作。以文创产品开发设计视角对博物馆进行分类，可按照文博场馆等级、受众覆盖范围和场馆主题内容进行划分。

（一）文博场馆等级分类法

文博场馆等级分类法是指按照国家文物局、中国博物馆协会组织实施的博物馆定级评估工作确定的我国博物馆等级的分类方法。

2008年以来，国家文物局、中国博物馆协会对博物馆的评价主要依靠博物馆定级评估工作。实施博物馆定级评估，是引导博物馆明确职责定位和发展方向的重要方法，是促进博物馆行业持续健康发展的重要手段，是推动博物馆治理体系和治理能力走向现代化的重要基石。世界各博物馆大国都有自己的定级评估标准，2008年至今，国家文物局、中国博物馆协会先后组织开展了四轮博物馆定级评估工作，共评出国家一、二、三级博物馆1224家，占全国博物馆总数的21.1%。评估产生的国家一、二、三级博物馆，在我国博物馆事业发展进程中起到了良好的标杆和表率作用，得到行业内外的广泛认可。

2020年1月，国家文物局修订印发了新版《博物馆定级评估办法》和《博物馆定级评估标准》，是目前博物馆定级评估工作最新的权威文件和标准。该文件提出，为推进博物馆治理体系和治理能力现代化，完善以展示教育、开放服务为核心的博物馆质量评价体系，更好满足人民日益增长的美好生活需要。该文件规定，博物馆经定级评估确定相应等级，从高到低依次为国家一级博物馆、国家二级博物馆、国家三级博物馆。

在博物馆定级评估细则中，文创产品开发占据重要位置，其中新开发文创产品数量、销售收入都是博物馆定级评估的重要参考系。因此，博物馆应按照定级评估要求，加大文创产品的开发设计力度，确保本馆达到相应级别博物馆文创产品开发数量与经营效果。

（二）受众覆盖范围分类法

受众覆盖范围分类法是基于博物馆文创产品开发经营的受众覆盖范围对博物馆进行的分类，具体可分为国家级博物馆、省级博物馆、地市级博物馆、区县级博物馆等。

博物馆文创产品的研发设计需要考虑产品的受众范围，如故宫博物院、中国国家博物馆、中国人民军事革命博物馆、中国共产党历史展览馆、中国人民抗日战争纪念馆、国家自然博物馆等属于国家级博物馆，文创产品的开发设计需要考虑全国人民群众的审美风格、接受习惯；而陕西历史博物馆、河南博物院、甘肃省博物馆、湖南博物院等省博物馆在开发设计文创产品时要侧重所在省文化特点，文创产品的受众群体更多是省内消费者，兼顾全国文创产品消费者，产品体现的审美风格、接受习惯更多要关注省内人群文化需求，也更易唤起受众的文化认同，从而实现博物馆文化的教育传播，地市级博物馆、区县级博物馆以此类推，都应注重博物馆所覆盖的主要受众范围，开展有侧重点的文创产品开发和设计。

（三）场馆主题内容分类法

场馆主题内容分类法是指依照博物馆所反映的主题内容进行分类，可将博物馆分为综合类博物馆和专题类博物馆。综合类博物馆综合反映某个区域历史文化全貌，如国家级的中国国家博物馆、省级的首都博物馆、地市级的青岛市博物馆、区县级的青州市博物馆等，虽然每家博物馆在馆藏资源特色、文物藏品条件等方面均不相同，会呈现出一定文化特色，但上述场馆都是综合全面反映当地的历史文化，与专题类博物馆有本质区别。专题类博物馆是指专门展示某一特定领域或主题的博物馆，这类博物馆通常聚焦于特定的历史时期、文化、艺术、科学、技术、自然历史或其他特定主题。如可以将专题类博物馆细分为文化艺术类博物馆、革命纪念类博物馆、考古遗址类博物馆、自然科技类博物馆、民族宗教类博物馆、民俗非遗类博物馆等不同种类。

不同类别的博物馆在开发设计文创产品时差异巨大、侧重点也不尽相同，从产品的意识形态上看，对革命纪念类博物馆、民族宗教类博物馆文创产品开发设计的要求最高；而自然科技类博物馆推出的文创产品更侧重低龄受众群体，讲求文创产品活泼可爱的设计风格；民俗非遗类博物馆研发的文创产品应强调文化艺术的科普与体验，因此博物馆文创产品开发设计人员应根据博物馆类别，对同类别博物馆开展有针对性的学习借鉴，以较快搞懂摸清某一主题文创产品的开发设计要点。

二、博物馆文创产品开发 SWOT 分析

近年来，我国博物馆事业发展方兴未艾，博物馆建设数量逐年递增，然而不可忽视的是博物馆建设同质化问题同样突出，聚焦博物馆文创产品开发赛道，亦是如此。笔者在实际文创产品工作调研时发现，由于场馆特色、馆藏资源、外部政策、市场支持等因素不同，博物馆无法完全照搬照抄已在文博圈获取文创业务成功的现有经验，因此，博物馆应加强对自己场馆的 SWOT 分析，梳理博物馆在开发文创产品实践时的优劣势，借鉴参考跟本馆特征、资源、情况相符的博物馆文创产品开发经验，制定符合本博物馆馆情的文创产品开发路径。

（一）场馆特色

场馆特色主要是指博物馆层面的特色资源。一是要明确场馆定位，博物馆是全国性馆还是地方性馆，全国性博物馆相较地方性场馆文创产品的销售传播覆盖面更广，因此在文创品牌和产品策划上也应给予侧重。二是要明确场馆类型，博物馆是综合类博物馆、革命类博物馆、科技类博物馆还是艺术类博物馆等，不同场馆类型所研发的产品及品牌风格也会有差别。三是要捋清社会资源，博物馆的社会兼职情况和社会地位影响不同，也将影响到文创产品开发运营效果，如某家博物馆担任文博行业或区域博物馆联盟的发起单位，博物馆可利用自身特有资源牵头文创产品相关工作。

（二）馆藏资源

博物馆馆藏资源禀赋并不相同，文物史料资源深厚的文博场馆能占据文创产品设计研发的先决条件。馆藏文物数量、定级文物数量是博物馆文创产品策划设计的先天资源，而馆藏文物多样的器型、丰富的颜色、繁缛的纹样、高超的工艺等也能为博物馆开发文创产品带来创作灵感。如革命类博物馆馆藏文物史料资源多为档案、书信、报刊等纸质文物，主要靠文字信息传递革命思想，文创产品设计元素的提取较为困难，而民俗类非遗类博物馆立足于丰富的民族艺术品、制造技艺，能为文创产品开发带来无穷尽的创作灵感和设计元素，产品开发难度相对较低。

（三）外部政策

博物馆文创产品设计开发的外部政策支持水平高低一定程度上决定了博物馆文创产品项目运营的效果。在国家文旅部门发布"36号文""85号文"后，博物馆机构所在省份能进一步落实上级文旅管理部门的意见精神，打通博物馆文创产品项目运营的

"最后一公里"，意义重大。上海、湖南、河南、北京、山东、湖北等地陆续发布博物馆文创工作激励分配实施细则后，涌现出上海博物馆、中共一大纪念馆、湖南博物院、河南博物院等文创产品开发运营的明星博物馆，让社会公众感受到了文化文物单位活化利用馆藏资源的强大力量。

（四）市场支持

由于博物馆必须借助社会力量运营博物馆文创产品项目，市场对博物馆的支持力度一定程度上决定了博物馆文创产品项目的运维效果。如博物馆所在城市文化发展水平较高、文化市场活跃，社会企业参与博物馆文创运营的意愿较好，博物馆获得的市场支持也较好。当然，社会资源的支持水平与博物馆的场馆资源密不可分，资源禀赋好的场馆取得较好文创产品项目运营收益的前景更为广阔，相关社会资源的参与积极性也更高。

第二节
博物馆文创品牌策划

博物馆文创品牌建设是推出文创产品设计的前提准备，是推动产品不断赋能塑造博物馆 IP 的必要保障，因此，博物馆文创品牌要统领文创产品开发设计的各环节工作。在行业实践中，一些文创业务开展较好的博物馆均已形成初具影响的文创品牌，如中国国家博物馆策划的"国博衍艺"品牌，中共一大纪念馆推出的"一大文创"品牌，都已成为博物馆文创行业内的知名 IP，对扩大博物馆的社会影响起到了积极作用。

一、博物馆文创品牌

王海忠指出，品牌建设是指对产品或服务进行品牌名称、标识、符号、包装等视觉要素设计，以及声音、触觉、嗅觉等感官刺激，从而使产品（或服务）具有市场标的和商业价值的全过程。品牌建设是建立和培育品牌的起点，也是品牌管理者的常规性工作。品牌化是对某一类或一系列产品的认知标准化、宣传标准化，以达到市场突出和市场区别的作用。①卢菲表示，品牌是制造商或经销商加在商品上的标志。它由名称、名词、符号、象征、设计或它们的组合构成。②在当前市场竞争激烈的背景下，品牌策划设计的战略地位显得尤为突出，品牌识别度的提升，可通过精心打造品牌设计实现，这有利于消费者在信息海洋中迅速锁定目标。邱雪仪认为，品牌设计作为纽带，架起了企业与消费者之间的信任虹桥，塑造一个既专业又引人入胜的品牌形象，能显著提高消费者的购买动机，同时增进对品牌的忠实度。品牌设计对于塑造企业的文化和价值观起到关键性作用，它利用视觉手段传递企业的核心理念，以此吸引目标群体，品牌设计构成了营销策略的关键要素，并且为企业长期成长提供了稳固的基础。③

◀ 中国国家博物馆文创品牌"国博衍艺"标识

博物馆文创品牌化建设是文创产品在激烈的竞争中拔得头筹的关键所在，博物馆文创产品品牌是有别于同业、同类产品的显著标志。目前，全国登记备案的博物馆多达7046家，现有的博物馆文创产品品牌基本以自身馆名命名，而知名博物馆的馆名具备较强的品牌影响力，便于大众识别和认知，形成了较好的品牌效应。博物馆建立以馆名为核心的母品牌，加强其核心地位，再以特色馆藏资源等命名子品牌，进而延伸出系列文创产品，来拓

---

① 王海忠：《品牌管理》，清华大学出版社，2014。
② 卢菲：《文创产品设计开发》，中国纺织出版社，2023。
③ 邱雪仪：《动态图形在品牌视觉识别设计中的应用研究》，《设计》2024年第9期。

展示品牌的影响力，打造品牌运营体系，增加用户黏性，以发挥博物馆品牌的引领作用，帮助文创产品品牌建立起来。博物馆通过提高自己的品牌知名度，达到塑造自己独特的文化形象的目的，让消费者更加了解、学习该博物馆蕴含的深厚文化。同时，贴合博物馆自身文化内涵，突出自己的特色和定位，制订品牌宣传计划，合理利用博物馆品牌，利用好该无形资产，以达到最佳效果。博物馆以文物元素和特色展览为基础打造品牌，将所有实体产品和服务型产品的开发建立在统一的品牌形象基础上，并进行宣传推广，提升博物馆的知名度，吸引更多公众关注博物馆及其所蕴含的千年文化，使公众对这一品牌加深认知，在坚持以传播博物馆文化为己任、积极构建博物馆品牌形象、展现博物馆的独特魅力基础上，优化资源配置，提高博物馆的知名度和声誉，实现双赢局面和社会发展与经济增长的共赢。[1]

二、博物馆文创品牌构建

博物馆文创品牌的策划与创建，需要经历确定文创品牌价值、讲述文创品牌故事、设计文创品牌形象等步骤，是从抽象到具体逐渐变化发展的，即完成从抽象化的品牌定位、情感化的品牌故事再到生动化的品牌形象的文创品牌构建"三级跳"。

（一）抽象化的文创品牌定位

博物馆文创品牌的策划设计需要明确文创产品提供的独特价值，即文创品牌价值主张，这通常包括产品或服务的质量、性能、设计、价格、便利性等方面，以及品牌所代表的生活方式或价值观。品牌定位是品牌打造、产品研发设计的指导思想和价值

---

[1] 梁丹宇：《文创产品的品牌化研究》，吉林大学文学院硕士学位论文，2023。

◀ 中共一大会址纪念馆文创品牌"一大文创"标识

导向,虽然在内容上较为笼统抽象,但对品牌构建具有统领性作用,对后续通过情感化的品牌故事和形象进行诠释承载,具有极强的指导意义。

(二)情感化的文创品牌故事

冰冷抽象的文创品牌定位需要富含情感的品牌故事进行承载和诠释。文创品牌打动消费者的不是抽象的品牌概念与定位,也未必是已被符号化的品牌形象,而是以情动人的品牌故事。这就类似于,我们到访一处旅游景区,给我们留下深刻印象的往往不是景观本身,而是景观背后的丰富的历史故事,哪怕是无从考究的神话传说。由此可见,博物馆在确定好文创品牌定位后,必须讲述好文创品牌的故事,才能将中华优秀传统文化、革命文化、社会主义先进文化,通过情感化的故事实现价值传播。

▶ 故宫博物院"故宫猫"系列文创产品

（三）生动化的文创品牌形象

文创品牌形象是距离传播受众最近且最容易感受的品牌内涵，是经将品牌价值化、故事化后，进一步符号化、形象化的文创品牌外在表达，具体包括富有文化内涵和创意思维的博物馆文创品牌LOGO、风格鲜明的VI识别系统等，它们共同构建了博物馆具体可感的文创品牌形象。生动的品牌形象是促成文创产品

▶ 甘肃省博物馆"马踏飞燕"文创产品

第四章 博物馆文创产品开发设计 | 143

消费的直接动因，需要博物馆给予高度重视，文创产品传递的文化内涵固然重要，而产品的设计形式表达也尤为关键。

三、博物馆文创品牌构建原则

博物馆文创产品是文创品牌的微观载体，文创品牌的构建要从产品上下功夫，特别是要在打造差异化、风格化和系列化文创产品上策划布局。

（一）产品差异化

博物馆要策划设计风格鲜明的文创品牌首先要突出产品的差异化，即文创产品在博物馆文创行业内缺少同质化的近似产品，或是在同类博物馆赛道内暂无同类形态文创产品出现。取得文创产品在一定范围的"唯一性"，必须做到"人无我有，人有我优，人优我特，人特我专"，这才是博物馆推动文创产品"出圈"的必要条件。文化创意层面的"模范借鉴"门槛极低，如河南博物院的"考古盲盒"系列文创产品一经推出，各博物馆类似形式的"考古盲盒"纷至沓来，而河南博物院一直秉持着与消费者密切互动的产品策划理念，通过广泛接纳消费者提出的产品提升建议，盲盒类产品在类型和玩法上不断更新迭代优化，让河南博物院研发的"考古盲盒"始终具备极强的可玩性和延展性，形成了产品的差异化竞争。

（二）产品风格化

文创产品鲜明的主题对推动博物馆文创品牌的构建至关重要，所有产品都围绕一个或某几个主题进行强化，从而形成了博物馆独具特色、无可复制的文创产品风格和品牌。近年来，博物馆文创圈有两个词非常火，一个是"萌系"，另一个是"情绪价值"，而将这两个词发挥到极致的当数甘肃省博物馆文创产品。甘肃省博物馆文创产品最突出的风格便在于"绒化"下的"萌系"，从依靠丑萌火爆出圈的"神马来了"玩偶开始，用诙谐戏谑的方式让镇馆之宝"马踏飞燕"变得轻松化、情感化、趣味化，给消费者极强的情绪价值，"神马来了"创意源于甘肃省博物馆镇馆之宝铜奔马，原创设计的卡通形象可爱十足，不仅拿捏住了铜奔马俏皮生动的正面神态，更以独特创新的站姿让人忍俊不禁。此后，甘肃省博物馆进一步强化文创产品的"绒化"风格，结合甘肃特产天水麻辣烫的泼天流量把麻辣烫做成了文创产品，又打造了"甘肃不土特产"系列文创产品，持续强化了甘肃省博物馆"绒化"博物馆的文创产品风格。

（三）产品系列化

博物馆文创品牌的构建需要文创产品成系列化、矩阵式的不断输出。文创产品在创作理念上要突出较强的一致性风格，而在产品策划上要强调产品的系列化打造，这有助于强化文创产品的品牌建设。2024年7月，上海博物馆推出"金字塔之巅：古埃及文明大展"，为配套展览展出，上海博物馆策划"萌神守护""象形密码""神圣符号""众神信仰""埃及风光"五大文创产品系列，将古埃及文明通过猫、神秘图像文字、特殊的符号、宗教信仰、自然风光等主题进行表达。如以"猫"为主题，上海博物馆推出了"埃及猫神庙"移动端游戏，打造主题餐厅及餐食，举办了"博物馆奇喵夜"活动，让观众携带自己的宠物猫参观博物馆，联动社会资源，保险、宠展、宠物医院等宠物行业人员为共同举办宠物友好活动提供支持。通过产品系列化策划加持，开展近2个月，文创产品的销售额近8000万元，取得了良好的社会效益和经济效益。

第三节
博物馆文创产品开发

博物馆文创产品研发是文创产品项目运营的中心环节，是推出优质文创产品的核心关键。聚焦博物馆文创产品研发的各环节，博物馆应做好文创产品的市场调查工作，基于本馆特点有针对性地策划文创产品；强化对产品设计原则的理解，注重对产品功能性、知识性、趣味性、审美性、故事性、时尚性和时代性的表达；厘清文创产品设计的流程步骤，熟练掌握文创产品设计元素的提取方法和设计方法，了解打造"爆款"文创产品的基础要件；打通博物馆文创产品策划设计的反馈机制，不断优化迭代文创产品。

一、博物馆文创产品开发流程

博物馆从文创产品策划设计到产品投入市场，需要历经文创产品市场调查、定位策划、设计修改、打样调整、大货生产等五个阶段，一款文创产品的开发周期需4个月时间，博物馆应加强项目管理，统筹好文创产品的策划设计流程。

▶ 博物馆文创产品开发流程

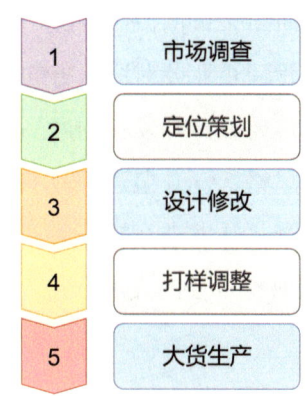

（一）市场调查阶段

博物馆推进文创产品设计前，开展必要的市场调研不可或缺。文创产品项目运营是经营性活动，且属于重资产、多投入的高风险市场活动。文创产品的单品价格受投产数量影响巨大，如果文创产品生产数量较少，产品单价成本高，只能抬高文创产品销售价格，很可能导致文创产品滞销；如果文创产品生产数量较大，产品单价成本降低，又可能造成博物馆及相关合作企业压货，产品库存难以消化，因此，文创产品项目运营管理企业要准确把握产品的生产数量，既要尽可能降低生产成本，又要保证产品不产生大量滞销库存。如果运营管理企业在研发产品阶段缺少深入的市场研究，可能造成推出的文创产品大量压货，短期影响文创产品项目运营管理企业的资金周转，长期可能因投资失误而产生巨额亏损，甚至影响到企业的生存。由此可见，文创产品项目运营管理企业在产品研发前期开展广泛而深入的市场调研是必不可少的。

（二）定位策划阶段

博物馆文创产品定位策划是基于博物馆、文创产品项目运营管理企业的市场调研结果，而做出的文创产品研发决策。博物馆文创产品项目运营管理企业要对所服务的博物馆定位以及研发的产品进行策划，确定要设计开发文创产品的目标人群、价格范围、功能用途、产品风格、宣介渠道等基本信息。文创产品定位策划是博物馆对文创产品开发进行战略规划，明确产品系列、设计风格、文化 IP 等宏观综合性的发展方向，使之作为文创产品设计开发的依据。

（三）设计修改阶段

博物馆在厘清文创产品的定位策划与产品规划之后，可积极推动产品的设计工作。博物馆与文创产品项目运营管理企业精诚合作，博物馆承担馆藏文化资源的授权工作，并对文创产品项目运营管理企业提报的设计方案审核把关，特别是严把意识形态关，尽可能降低文创产品可能产生的社会舆情风险，并做好应对舆情的预案。文创产品项目运营管理企业按照博物馆提出的产品研发要求提报文创产品设计方案，在博物馆审核后不断修改优化方案，直至博物馆认定产品方案具备投产的标准为止。

（四）打样调整阶段

博物馆确定文创产品设计稿后，文创产品项目运营管理企业安排供应商进行产品打样制作。由于设计方案和产品实物可能存在较大差异，产品打样环节不能缺少。博物馆应重点关注文创产品制作工艺的精细程度、产品实物与设计方案的还原程度等关键内容，及时对设计方案进行优化调整。如果博物馆面临文创产品打样效果不佳，还需敦促文创产品项目运营管理企业及时更换产品生产供应商，寻找能达到相关制作工艺要求的生产厂商，并做到及时调整，待文创产品样品通过博物馆审核后，方可进入大货生产阶段。

（五）大货生产阶段

"大货"生产阶段是指大批量货品生产的阶段。博物馆或文创产品项目运营管理企业与产品生产厂家展开商业性谈判，确定"大货"生产的数量和单价。博物馆在库存风险可控的情况下，尽可能降低文创产品生产的单价，并压缩"大货"生产周期，提高商品的生产效率。一款"爆款"文创产品横空出世，产品购买需求量激增，文创产品产量跟不上需求量，一方面，火爆的销售局面会助推博物馆文创产品抢购热潮，从而催生倒卖文创产品的"黄牛"，影响正常的市场经营秩序；另一方面，文化市场如"战场"，博物馆文创产品销售受制于产能限制，必将使潜在客群被同类文创产品分流，从而导致博物馆经营"亏损"。

二、博物馆文创产品市场调查

博物馆文创产品项目运营是经营性活动，博物馆应在产品策划研发伊始，广泛开展市场调查，对本馆文创产品受众进行深入细致的消费者行为分析，研究消费者的基本特征、购买特征、购买用途、消费动因等。

（一）消费者行为分析

博物馆在推进文创产品策划研发之初，应进行深入的消费者行为分析，精准描绘文创产品消费者画像，尽可能满足社会公众的消费习惯和需求，从而提升文创产品的销售业绩。首先，博物馆应从消费者基本情况着手，具体可从性别、年龄、学历、职业、收入等进行细分研究；其次，博物馆应从文创产品特征着眼，具体可从文创产品的形态、材质、风格、价格、系列等角度进行探讨；再次，博物馆应聚焦消费者购买行为，具体可从进馆参观频次、信息来源渠道、购买用途、消费动因、购买渠道、消费金额等进行研判;最后,博物馆应关注消费者满意度,剖析消费者在消费环节中产生不满意感受的原因。

以下调查问卷信息,可作为博物馆进行文创产品消费者行为分析的参考。

表 4-1　博物馆文创产品消费者行为调查问卷

调研类别	分项	选项
消费者基本情况	性别	男□　女□
	年龄	25 岁及以下□　26—45 岁□　46—60 岁□　60 岁以上□
	学历	本科及以下□　本科□　硕士□　博士□
	职业	国企□　私企□　外企□　机关事业单位□　自由职业□
	月收入	5000 元及以下□　5001—1000 元□　10000—20000 元□　20000 元以上□
产品特征	产品形态	工艺美术品□　创意生活用品□　文物仿制品□　图书出版物□　办公文具类□
	产品材质	纸质□　金属质□
	产品风格	复古□　典雅□　文艺□　小清新□　极简□　萌系□　时尚□
	产品价格	0—100 元□　100—200 元□　200—500 元□　500 元以上□
	产品系列	系列 1□　系列 2□　系列 3□　系列 4□
消费者购买行为	进馆频次	一季度一次□　半年一次□　一年一次□　两年一次□　两年以上一次□
	信息来源	到馆参观□　媒体宣传□　朋友介绍□　社交推荐□
	购买用途	纪念□　馈赠亲友□
	消费动因	价格□　原创性□　实用性□　工艺□　质量□　宣传□　文化认同□
	购买渠道	线下购买□　线上购买□
	消费金额	0—100 元□　100—200 元□　200—500 元□　500 元以上□
消费者满意度	满意度	非常满意□　满意□　一般□　不满意□　非常不满意□
	不满意原因	产品品类不够丰富□　产品营销服务质量不足□　产品价格过高□　产品质量低下□

（二）同类产品市场分析

博物馆在研发设计文创产品时，完全跳出市场中现有文创产品的形态、风格、样式具有相当大的难度，能在现有产品基础上进行一定优化，让产品体现出一些"新意"，已属难能可贵之举。当前博物馆文创产品同质化现象严重，产品品类相对固定，书签、钥匙扣、笔记本、冰箱贴等已成为文创产品的必开发品类，文创产品缺少新意成为文创产品策划设计的难解问题。博物馆做出一款文创产品不难，难的是如何能将产品内容和形式完美结合，如何能让产品与馆藏资源互动。文创产品项目运营是重资产的高风险投资，前期策划研发、设计打样、生产制作需要大量的资金投入、倾注大量社会资源，博物馆推出的文创产品能否在市场中脱颖而出成为"爆款"，需要博物馆及文创产品项目运营管理企业进行深入的同类产品市场分析，评估该产品的市场价值，基于目前文创产品市场中的空白，进行有针对性的布局。策划重点在于突出文创产品的无可复制性，具体可从两个方面进行推动：一方面，彰显馆藏资源的唯一性。差异化的馆藏资源是博物馆区别于其他博物馆的根基，而基于唯一馆藏资源开发的文创产品一定程度上也带有唯一性特质，因此，博物馆要加强对馆藏史料资源的研究、整理、保护力度，推动研究成果向传播成果转化。另一方面，凸显产品创意的巧妙性。文创产品内容要与产品独特的形式紧密融合，让消费者感受到意料之外的惊喜。博物馆只有将文创产品做到行业内"难以复制"，在同类产品中形成差异化竞争，才能称得上是一款好的文创产品策划设计方案。

三、博物馆文创产品定位策划

博物馆在做完广泛而深入的消费者行为分析和同类产品市场分析后，对文创产品的用户形象、消费习惯、产品偏好等有了初步的了解，深入研究同行业、同领域博物馆的类似文创产品形态，方能打造具有差异化特质的文创产品。此后，博物馆要初步对拟策划开发的文创产品的目标人群、价格区间、功能用途、产品风格、宣介渠道等进行精准定位，以相关产品为准绳，推动文创产品的策划设计工作。不同的博物馆文创产品的定位策划会有区别，下面以革命类博物馆为例进行分析。

（一）目标人群

革命类博物馆首先要搞懂弄清本馆主要的参观人群，基于参观人群设计开发符合目标人群需要的博物馆文创产品。革命类博物馆文创产品的受众群体多为中小学生、企事业单位工作人员和中老年人。中小学生群体作为祖国发展的未来栋梁，革命类博物馆作为爱国主义教育基地，承担着革命传统教育和爱国主义教育的基本职能，让中小学生系好人生的第一粒扣子是革命类博物馆的职责使命；企事业单位工作人员群体是新时代中国特色社会主义的建设者，革命类博物馆加强理想信念教育，让革命传统成为企事业单位工作人员在奋进新时代新征程上的强大思想保证，让伟大的建党精神焕发时代光彩；随着人口老龄化时代的到来，社会中大量的退休中老年人更乐于开展博物馆旅游和红色旅游，唤起其在青年时代投身社会主义建设实践的光辉岁月，革命类博物馆成为该类人群的精神家园。

（二）价格区间

基于青少年、企事业单位工作人员和中老年人的文创产品目标受众，以及革命类博物馆向社会公众提供革命传统教育、爱国主义教育、党史学习教育等社会职能，革命类博物馆文创产品价格设定不宜过高，重点在于满足社会公众基本的文创产品需求。青少年群体经济未独立，中老年群体消费能力一般，而企事业单位工作人员侧重接受党史学习教育，购买文创产品的意愿相对较低，革命类博物馆应选取兼顾大部分消费者消费能力的文创产品定价策略，而非采用贵金属、高定制、高附加值的产品研发思路。

（三）功能用途

在功能用途方面，革命类博物馆文创产品有如下三个特点：一是纪念属性较强。消费者购买革命主题文创产品主要是做参观纪念之用，笔记本、冰箱贴、钥匙扣等价格适中、寓意较好的产品品类都是能体现其纪念功能的产品形态。二是实用功能需要强化。革命传统教育成果要转化为人民群众"日用而不觉"的自主行动，产品具有一定实用性才能让革命精神融入人民生活，起到积极的教育作用。三是收藏价值一般。由于革命类博物馆文创产品价值不宜过高，产品策划设计上采取接地气的"平民化"研发思路，产品的收藏、升值价值几乎缺失。因此，革命类博物馆要搞懂弄清本馆特色的馆藏资源，打造富有场馆特色文化IP，充分发挥纪念和实用功能，让社会公众把博物馆文化"带回家"。

（四）产品风格

革命类博物馆文创产品的意识形态属性较强，在保证革命史实严谨无误的前提下，保证产品的严肃性，同时又要规避抽象的思想说教，让晦涩的革命传统具体化、形象化、故事化，让革命精神可感、可悟。文创产品活泼却不失严肃，严谨却不显呆板。革命类博物馆要注重对青年群体接受习惯，加强对革命文物史料的二度创作，动漫式、卡通化的创意表达更易拉近文创产品与受众之间的距离；多从革命文艺作品中汲取创意思路，从历久弥新的红色主题电影、戏剧、音乐、报刊、小说、散文等渠道提取文化元素，让无形的革命精神更加形象具体生动，唤起人民群众的文化认同。

（五）宣介渠道

革命类博物馆要拓展文创产品的宣传推介渠道，在保持除博物馆自媒体、官方媒体的宣传报道外，加强博物馆各部门各业务间的协同宣传力度，社会教育部门能否基于文创产品讲述"文创中的革命传统"，加大对产品的宣传推介。牢牢抓住青少年群体、企事业单位工作人员群体、中老年群体往往采取团队参观的特点，在特定时间节点如五四青年节、"七一"党的生日、"十一"国庆节等推出相应主题的红色文创产品套餐礼包，推进产品的营销推广。积极布局线上文创产品宣传渠道，发挥微信、微博等互联网媒介作用，充分发挥短视频、直播的作用，采用年轻人易接受的方式，打造"爆款"文创产品。

综上，由于博物馆不同的馆藏资源禀赋、场馆定位等因素影响，博物馆文创产品的策划定位也应具体问题具体分析。博物馆文创产品项目运营工作是市场性经营活动，推出一款叫好又叫座的文创产品，博物馆必须做到"知己知彼"，"知己"是博物馆对馆藏资源如数家珍，对场馆在全国与区域文博领域的地位以及辐射带动作用有着清晰的认识；"知彼"是博物馆要了解当今博物馆文创产品实践行业的发展状况，以及同类型场馆、同类型文创产品的发展水平，进行差异化策划，加强与受众群众的紧密联系，不断推动产品策划层面的优化升级。

四、博物馆文创产品设计

博物馆文创产品经历了市场研究、策划研发等阶段后，还需通过产品设计进行实现。文创产品设计是博物馆文创产品策划的最终归宿,需要将博物馆的调研和策划成果进行视觉化、形象化、产品化展示。

(一)博物馆文创产品设计原则

文创产品设计原则是博物馆文创产品设计的评价标准,博物馆在推进文创产品设计阶段要对产品的功能性、知识性、趣味性、审美性、故事性、时尚性、时代性、市场性进行有针对性的侧重,不断优化完善设计方案。

1. 功能性

功能性要求文创产品设计要"有用"。功能性是强调文创产品应具备一定实用功能,而非单纯纪念收藏之用。近年来,博物馆文创产品的设计研发已经愈发注重功能性的表达。作为一款产品和商品,"有用"是其最基本的功能,如今,市面上的文创产品琳琅满目,不仅博物馆在研发文创产品,图书馆、文化馆,高校、出版社等企事业单位也都加入了研发制作文创产品的大军中。外出学习交流时,我们获取一份相关单位设计研发的文创产

▶ 苏州博物馆推出的文徵明杯

品是一件再正常不过的事情,如果受赠的文创产品缺少实用价值,或许这件产品便成为我们是否带回家的思想负担。由此可见,文创产品具备一定的功能性,是最基本的产品设计原则,需要产品设计者优先侧重关注。

2. 知识性

知识性要求文创产品设计要"有文化"。"博物馆是一所大学校",文创产品是把博物馆"带回家"的重要载体。博物馆拥有丰富的馆藏文物和史料资源,而文创产品根植深厚的文化内涵和创意元素成为消费者购买产品的重要吸引物。一直以来,博物馆依靠展览展示、社会教育活动、媒体宣传等形式传承中华优秀传统文化,但随着"文创热"兴起,文创产品已成为博物馆实现知识传递的重要途径。例如,我们在购买青铜器酒器主题文创产品时,或许可能就对爵、角、觯、斝、尊、壶、卣、方彝、觥、罍、盉、勺、禁等器物有了基本的了解,这是博物馆观众走马观花看展后或许无法达到的教育传播效果。更有甚者,文创产品是否具备"知识性",是评价一款产品是否拥有价值的重要参考,

◀ 首都博物馆"伯矩禹"雪糕

因此，笔者在策划设计文创产品时，特别强调文创产品要在包装上科普相关文化内容，这目前已成为一部分博物馆文创开发设计环节中的规定动作。

3. 趣味性

趣味性要求文创产品设计要"有意思"。"有意思"是勾起消费者购买欲的最朴实、最基本、最直接的动因。博物馆文化博大精深，承载的历史与文化内涵往往晦涩难懂，文创产品以极富趣味的方式讲述出来，能达到传承中华文明的最终目的。故宫博物院曾推出《宫廷活计快乐学》读物，该书是一部了解故宫、普及传统文化知识、开展儿童历史文化教育活动等方面的宣传教育性图书。该书由故宫博物院宣教部公众教育组全体成员经过一年多的策划、整理、编写、修改，专门为中小学生和从事青少年教育的人士精心打造的。该书包括2007年至今在故宫开展的所有趣味教育活动"课程"，内容通俗易懂，语言生动活泼，形式图文并茂，加上巧妙的逻辑安排和醒目的标题设置，带给了读者意想不到的阅读体验。

▶ 故宫博物院《宫廷活计快乐学》

4. 审美性

审美性要求文创产品设计要"好看"。"好看"是调动消费者购买文创产品最直观的感受。在审美内涵方面，文创产品的审美建构以满足消费者现实、情感与精神的多重需求为导向，挖掘地域文化的内涵，并通过一定设计形式和技法在文创产品上进行表

◀◀ 新疆维吾尔自治区博物馆"宝相花"合金冰箱贴

◀ 故宫博物院"故宫初雪"调味罐

达,从而赋予文创产品以审美价值,文创产品需要从美的视角进行美的体现,以独特、显眼的外在造型吸引消费者的注意力,并在不断地求新、求变中与消费者的精神需求相联系,以独有的审美特点实现更加丰富的内在特点和实际价值。在审美形式方面,文创产品设计者可通过线条、颜色、花纹、材质等载体进行审美艺术的创造,并力图将这些符号特征传达给那些能够产生审美感知的特定消费者人群,从而引发文化和价值的认同,文创产品通过视觉、听觉、嗅觉、触觉和味觉等多维度审美体验对购买意愿产生显著影响。在审美接受方面,博物馆受众个体的感知能力、文化背景和社会认同感也在审美反应和购买意愿之间发挥着重要作用。

5.故事性

故事性要求文创产品设计要"有情节"。文创产品的故事性是其设计中至关重要的一环,它能够增加产品的情感附加值,让消费者产生共鸣和情感联结。优秀的文创产品应该做到具象化、生活化、故事化,文创产品设计思路和文化内涵要贴近人们的日常生活，让传统文化"活"起来。文创产品通过故事讲述，能够吸引人、打动人，让消费者带着"听故事"的好奇心去选择购买。故宫初雪调味罐的设计就是一个典型案例，它将故宫的经典景观作为视觉主体，当装入雪白的盐或糖时，呈现出雪后故宫的美景，这种创意不仅收获了广泛好评，更让产品大卖。此外，故事性能拓展文创产品的表现范围，如博物馆通过打造博物馆IP形象，结合历史文化讲好IP形象的故事，通过IP形象的口吻讲述中华优秀传统文化，拉近了博物馆与社会公众之间的距离，对一些缺少馆藏资源和设计元素支撑的博物馆会是有益的借鉴。

6. 时尚性

时尚性要求文创产品设计要"时髦"。年轻人是博物馆文创产品的消费主力军，而时尚性是其吸引现代消费者尤其是年轻群体的重要因素。博物馆要将传统文化元素与现代设计相结合，创造出既具有文化内涵又符合现代审美的产品。故宫博物院推出的一系列以故宫口红为代表的文化艺术和商品市场结合的产品，展现了中国传统文化的魅力，以"年轻"出圈的故宫文创产品设计，受到了广大年轻群体的青睐。文创产品不仅是物质商品，也是情感和社交的载体。博物馆要注重文创产品的细节设计和审美风格，注重手工匠艺，讲究材质温度，同时善于制造社会话题、引领社会风潮，让文创产品的使用者引以为荣，愿意打卡

▶ 敦煌博物馆"丝路手信"滑板

分享，增进社交黏性。近年来国潮和非遗兴起，中国元素渐成消费时尚，文创产品作为传统文化的物质载体，已逐渐融入人民生活之中，文创产品也因此成为连接传统与现代、文化与时尚的桥梁。

7. 时代性

时代性要求文创产品设计要"接地气"。文创产品是博物馆推出的满足社会公众文化需求的精神文化产品，不同的时代有不同的人民需求，因此，文创产品也要凸显鲜明的时代属性。首先，文创产品的运营理念具有时代性。随着新技术对文化创意产业创新驱动力度的加大，新文创战略应运而生，呈现从技术赋权到技术赋能、从泛娱乐到新文创、从娱乐至上到价值至上的转变。在新一轮科技和产业革命的背景下，新文创的数字化、智能化、场景化、品牌化转向是大势所趋，博物馆文创产品也应积极布局。其次，文创产品的市场需求和产品形态具有时代性。随着时代的发展，文创产品走向个性化、定制化、体验式消费。文创产品正在成为人们生活的一部分，其发展代际呈现出从保护传统文化到商业化、艺术化再到数字化的发展态势，直观反映了社会经济和技术发展的趋势与需求。最后，文创产品的精神内涵具有时代性。博物馆文创产品不单单是对中华文明的回顾与传承，更是在顺应当前社会发

◀ 甘肃省博物馆"麻辣烫"毛绒玩具

展需要下的特殊表达，具备较强的意识形态属性和时代烙印。

8. 市场性

市场性要求文创产品设计要"有收益"。博物馆文创产品项目运营讲求以社会效益为主，经济效益与社会效益相统一。博物馆作为公共文化服务机构，社会效益应成为效益产出的首要关注点，但经济效益的溢出同样不能忽视。一方面，博物馆文创产品项目运营要严格遵循市场化经营法则，吸纳市场资源，深度参与市场竞争，为更好实现中华文明的进一步传播利用，项目投资方获取经营性收益合乎情理。另一方面，博物馆文创产品项目运营的社会效益评估难度较大，而量化呈现的文创产品经济效益正好可以成为评估社会效益的参照标尺，因此，市场端的经营性收益是检验文创产品是否成功的重要参考系。

上述八项博物馆文创产品的设计原则是评价一款文创产品优秀与否的重要参考依据，但一款产品未必需要在上述所有设计原则中均特别突出，而是可进行有针对性的侧重。博物馆文创产品

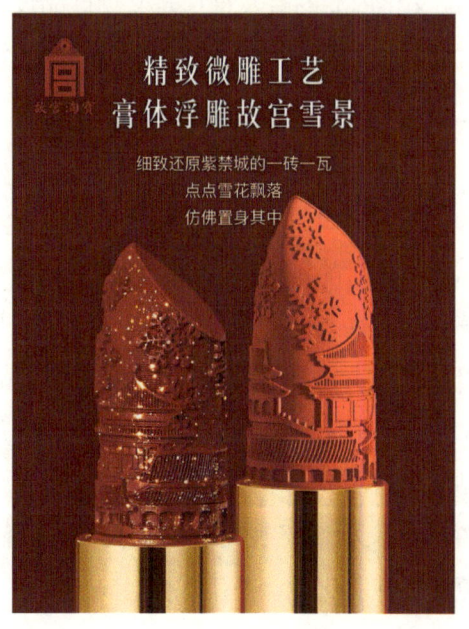

▶ 故宫博物院"故宫口红"

的设计要根植馆藏资源，运用好创意方法和设计元素，遵循上述部分设计原则，方能设计出具有本馆特色文化内涵、创新形式载体、风格特色鲜明的文创产品。

（二）文创产品符号形象、文化内涵和思想精神

产品设计人员往往更关注文创产品的外在形式与符号运用表达，而忽视文创产品蕴含的文化内涵，甚至忽略了对文创产品精神实质的表达。因此，文创产品设计人员在推进产品设计工作之前，必须正确理解博物馆文创产品符号形象、文化内涵和思想精神的辩证关系。文创产品符号形象主要是指文创产品运用的文化符号、设计推出的产品形象等产品外在直观可感的形式要素。文创产品文化内涵是指运用文化元素设计开发出的文创产品所反映还原的历史文化内涵、风貌等内容要素。文创产品思想精神是指运用文化元素符号开发的文创产品所呈现的思想内容和精神气质。由此，博物馆文创产品设计可分为三个层级，设计难度依次递进：注重符号形象的运用和表达是文创产品设计的"低阶层级"，注重产品文化内涵的普及推广是文创产品设计的"中阶层级"，注重思想精神的传承颂扬是文创产品设计的"高阶层级"。

1.符号形象诠释文化内涵

博物馆文创产品思想与形象的关系本质上看，是文化作品内容与形式关系在文创产品领域的反映。博物馆拥有丰富的馆藏史料及文物资源，在文物史料上遗存的彰显传统工艺技艺的工艺美术纹样成为产品设计开发的元素符号。从文化作品创作角度看，文化内涵是文创产品的基础内容，符号形象是文创产品的外在形式，文创产品文化内涵决定了采取何种文化符号形象。此外，文化符号形象并非由文化内涵被动决定，与文化内涵精准匹配的符号形象能更好发挥文化载体作用，强化突出文创产品的文化内

涵，让文创产品呈现鲜明的文化特色。

文创产品设计人员通过提取文物的样式、纹饰、轮廓等元素，将其直接应用在产品外观设计上，从而达到诠释再现博物馆文化内涵的目的，如从博物馆馆藏青铜器、瓷器、织绣、绘画、非遗等文物上提取纹样，在文创产品上的直接运用，并体现一定文化内涵是文创产品设计开发"中低阶层"水平的表现，也是一般文创产品设计人员都应具备的设计素质。

2. 文化内涵反映思想精神

博物馆文创产品的难点在于让产品承载的文化内涵，反映出独特的文化思想和精神品格。从文化作品创作角度看，文化作品创作不仅要把握好作品的内容与形式，更应表达创作者的思想观点和精神价值，美术作品、电影作品、舞台作品等无不如此。思想内涵统领文创产品的文化内涵，由于文创产品具有较强的意识形态属性，博物馆文创设计开发人员更应强调意识形态的思想精神引领作用，文创产品的文化内涵也并非受思想精神被动决定，文化内涵可以丰富诠释思想精神，让文创产品承载的思想理念和精神气质更加具体可感。

博物馆文创产品体现设计者的思想观点和价值，作品要讲述清楚设计者对中华文化遗产的理解和认识，这也是对文创产品设计人员的"高阶层"要求。因此，博物馆文创设计人员要加强对馆藏文化资源的学习理解，通过设计语言的转化，才能让博物馆文创产品焕发出较强的感染力。

（三）博物馆文创产品设计流程

聚焦博物馆文创产品设计环节，产品设计遵循着"形象—思想—形象"的流程，产品设计从文物史料中来，一款优秀的文创产品需经过研究文物史料、选定设计元素、获取创意灵感、融入文化内涵、提炼思想精神、形成产品形象六个步骤。

1. 研究文物史料

加强博物馆馆藏文物史料的研究是做好文创产品设计的前提和基础，需要博物馆和文创产品项目运营管理企业协同配合、共同跟进。一方面，博物馆要做好馆藏史料研究的成果转化，博物馆展厅无法做到对所有馆藏文物史料进行集中展示，而文创产品设计并非一定遵循文物等级原则，即等级越高的馆藏文物，文创产品开发价值越大，或许会产生在库房中收藏的文物其文创开发价值更大的情况，因此，博物馆要加强馆藏文物在文创产品设计开发视角下的资源梳理，及时提供给文创产品项目运营管理企业。另一方面，文创产品项目运营管理企业要向博物馆积极获取文创产品开发方向，由于不同类型的博物馆，文创产品开发的侧重点并不相同，如革命类博物馆、民族类博物馆、涉台主题博物馆等其文创产品开发的意识形态要求更高，哪些内容不适宜在文创产品领域进行表现，哪些设计产生社会舆情的可能性更高，文创产品项目运营管理企业应加强与博物馆的沟通磨合，在确保文创产品研发设计不出意识形态风险的前提下，提高工作效率。

2. 选定设计元素

博物馆与文创产品项目运营管理企业在进行深入的文物史料研究后，要加强对符合文创产品开发设计需要的设计元素进行整理和确定。恰当地使用文化特有的符号和图案，如民族图腾、传统纹饰等，让这些元素在产品设计中焕发新生。在色彩运用方面，色彩不仅能美化产品，还能传递特定文化的情感和意义；在材料和工艺的选择方面，使用与文化相关的传统材料和手工艺，如丝绸、陶瓷、木雕等，不仅展示了工艺美术的魅力，也赋予产品独特的文化属性和价值，在尊重传统的基础上进行创新，将传统工艺与现代设计理念和技术结合，创造出既传统又现代的产品。某国家级博物馆曾依靠财政项目经费对馆藏文物史料资源的设计元素进行数据提取，摸清了文创产品开发的馆藏资源"家底"，是功在当代、利在千秋之举。笔者在实际调研中获悉，随着人工智能技术不断走向深入，大模型技术逐步成熟，一些高校及科研机构具备了一键提取文化遗产中传统素材的技术，大大节省了博物馆梳理馆藏文物史料设计元素的时间成本和精力成本。博物馆应做好馆藏文物文创产品开发资源库的建设等基础性工作，将大大提高文创产品设计开发的速度，而非让文创产品项目运营管理企业在展厅内漫无目的地开展创作。文创产品设计人员选定适合产品开发的文创元素后，经过分解、重构等设计手段，进而推进文创产品的设计开发工作。需要指出的是，由于馆藏资源禀赋不同，少部分博物馆缺少用于文创产品开发的设计元素，这类博物馆可以加强博物馆IP形象的创作，以弥补文创产品开发元素匮乏的现状。如革命类博物馆的馆藏文物以信件、档案、史料、照片等纸质文物居多，文创产品设计元素提取难度较大，以抗战主题博物馆为例，博物馆可以从《鸡毛信》《铁道游击队》《狼牙山五壮士》等经典影视作品入手，开发相关作品中的人物形象，或是打造博物馆专属IP形象，用于延展相关文创产品的视觉元素。

3. 获取创意灵感

博物馆文创产品设计者选定设计元素后，要探寻产品的创意灵感。创意灵感的获取需要建立在广泛知识积累之上，需要设计人员广泛涉猎各项知识，拓展产品设计创意灵感的来源渠道，可从以下几个方向发力：一是研究传统文化。考察不同民族和地区的特色文化，挖掘独特的设计元素，深入研究历史和文化，从古代艺术、民间故事、传统手工艺中寻找灵感。二是观察现代生活。关注当下流行趋势，如时尚、音乐、电影等，从中获取现代感的设计元素，观察人们的日常行为和生活方式，设计出更符合现代需求的文创产品。三是掌握艺术设计史论。研究艺术史论和设计史论，了解不同时期的艺术风格和设计流派，从经典艺术作品中提取元素，进行产品再创作。四是加强跨领域合作。博物馆文创设计要加强跨界融合，积极与其他领域的专家合作，如科学家、作家、音乐家等，以获得新的视角和灵感，通过跨学科的交流，融合不同领域的知识和创意。五是推动日常物品的再设计。对日常生活中的物品进行观察，思考如何改进和创新，将日常物品转化为具有文化特色的设计。六是用好社交媒体，紧追网络文化潮流。利用社交媒体平台，了解网络文化和流行语，从网络热点和梗中提取设计元素。七是强化用户研究。深入了解目标用户群体的需求和偏好，通过用户调研、访谈和反馈，调整设计方向。八是关注技术革新。了解新技术的发展，如3D打印、增强现实（AR）、虚拟现实（VR）等，利用新技术创造新的产品设计和体验。

4. 融入文化内涵

文化是博物馆文创产品的灵魂，缺少了文化内涵的输出便缺少了文创产品的社会价值。文化是文创产品设计的灵魂，这是文创产品区别于一般产品的最重要特征，设计者应对我国优秀文化进行深入研究，以中华民族特有的优秀文化作为现代文创产品设计的宝贵源泉。产品设计人员要加强文创产品内容和形式的统一，强化文化内容的表达。一是要深入研究和理解文化元素。深入了解目标文化的历史背景和传统，挖掘其中独特的符号、图案、故事和哲学思想，将传统文化元素以现代视角重新诠释，使其既保持原有的文化韵味，又能符合现代审美和使用习惯。二是要强化故事叙述。文创产品设计中融入故事，每件文创产品都应该讲述一个故事，无论是一个地方的历史传说，还是某种文化现象的起源，都能增加产品的情感价值和吸引力，通过故事连接用户和产品，建立情感共鸣，让用户在使用产品的同时，能够感受到文创产品蕴含的文化深度和艺术魅力。三是要发掘地域文化。文创产品设计者应深度发掘地域文化，探讨不同地区人们的审美取向、精神价值取向和需求等，将地域特色服饰、传统工艺、地标建筑和吉祥图案等作为文创产品设计素材，让文创产品彰显鲜明的地域特征，凸显博物馆文创产品的差异性。

5. 提炼思想精神

提炼文创产品的思想精神是一个复杂而深入的过程，是对文化元素的深入理解，并在时代语境下的创新性表达。文创产品作为博物馆推出的精神性文化产品，是否通过产品载体传递一定的文化价值、时代价值、思想观点是判断一件文创产品成功与否的重要标志。基于此，文创产品在提炼传承思想文化和精神方面，应注重以下四个工作要点：一是注重文化价值观念的传递与表达。文创产品依托文化资源，传递和表达某种文化价值观念、历史记忆、审美理念等内涵，它们不仅是物质的展现，更是文化精神的传播载体，承载着文化精神，展现出创新的魅力和实用的价值。二是推进民族自信与文化传承。国潮风起、非遗焕新、文旅融合，是中国文创产品行业的三大新特点，它们对弘扬中华文明、凝聚思想共识具有正向激励作用，文创产品设计对增强文化竞争力、提升国家文化软实力、推动经济发展方式转变等，具有积极作用。三是强调共建意义与文化记忆。文创产品唤起文化记忆，增强文化自信与认同，是社会群体通过共享集体身份及与身份密切相关的知识、信息和传统，形成集体记忆的方式之一。四是推动消费满足与情感需求。文创产品兼顾使用和文化价值需求，延展社交价值需要，社会对文创产品从单纯的使用需求进阶到社会、文化需求及更高的精神和情感层面。

6. 形成产品形象

文创产品形象的塑造是一个综合文化、设计、感官体验和情感共鸣的复杂过程。文创产品设计人员需要深刻理解文化背景，把握消费者的心理动态，将具象的产品与无形的历史文化有机结合，以创造出能够引起情感共鸣和文化认同的文创产品。聚焦文创产品形象本身，设计人员应做好两方面工作：一方面，强调视觉冲击与感官体验。文创产品的设计往往以视觉冲击为先导，通过炫酷的色彩、独特的图案吸引用户的眼球，设计师们通过创意打破传统界限，提供全新的视觉盛宴。另一方面，强调触感设计与材质选择。产品的手感、材质的选择直接影响用户审美与使用体验，设计师应在细节处下功夫，让用户在使用中感受到不同寻常的舒适。

（四）博物馆文创产品设计方法

文创设计人员应根据产品特点，熟练运用博物馆文创产品的设计方法。博物馆文创产品设计，可分为模仿法、组合法、提取法、嫁接法、解构重构法、联想法六种。

1. 模仿法

模仿法，顾名思义，是指文创产品设计者通过模仿市场中现有产品推出的具有相同或近似风格的文创产品的设计方法。由于模仿对象都是在市场中已取得成功的文创产品，模仿法的优势在于可以让文创产品在较短时间内获取市场成功，赶上一波流行红利，如近几年博物馆文创领域风靡一时的文创雪糕、考古盲盒等"爆款"产品品类，在一家博物馆推出并获得成功后，市场刮起一股流行风潮，其他博物馆及时跟进，在确定产品品类不变的

▶ 甘肃省博物馆"铜奔马"雪糕

前提下，融入本馆馆藏文化元素，推出相似的文创产品。与此同时，模仿法的劣势也较为明显，即在某一类产品趋于市场饱和阶段，随着更多"模仿者"的进入，市场中同类产品呈现出"烂大街"的局面，加剧博物馆文创产品同质化问题，我们也可以看到笔记本、书签、冰箱贴、徽章等产品形态已有此发展趋势，单纯的抄袭模仿并不能实现博物馆文创产品业务的长远发展。此外，随着同类产品的竞争持续白热化，产品供应商为降低风险，不断压低生产成本，影响了文创产品的品质，不利于博物馆文创产品行业的持续健康发展。

2. 组合法

组合法是指文创产品设计者在博物馆文创产品设计实践中，将不同来源、不同风格的元素汇聚堆砌在一起，通过赋予产品深厚的文化内涵，创造出全新的视觉效果的设计方法。中国人民抗

▶ 中国人民抗日战争纪念馆"抗战大事记"帆布包

日战争纪念馆研发设计的"抗战大事记"帆布包便采用组合法的设计方法。产品设计师选取了抗日战争中发生的大事件日期作为文创产品开发的基本元素，如1931年9月18日（九一八事变）、1937年7月7日（卢沟桥事变）、1937年12月13日（南京大屠杀死难者国家公祭日）、1945年8月15日（日本宣布投降日）、1945年9月3日（抗战胜利纪念日）等时间节点，设计师通过堆砌上述大事件日期形成一个设计图形，并依据各时间在抗战史中的重要程度调整时间图案的大小。该文创产品在保障消费者购物时盛装物品的基本实用功能的前提下，为产品赋予了抗战历史和抗战知识，让消费者了解了抗战史中的大事件，起到了普及抗战历史，传承抗战精神的重要作用。

3. 提取法

提取法是指设计者在产品设计环节中，从博物馆收藏的实际文物或艺术品中直接提取图案元素，然后将这些元素应用于文创产品的设计中。通过对博物馆藏品图案的直接提取运用赋予文创产品独特的文化内涵，增强产品的艺术性和文化性的设计方法。[①] 提取法是博物馆文创产品设计最基本、最普遍运用的方法路径。博物馆馆藏文物史料资源丰富，可用

◀ 恭王府博物馆"福"系列文创产品

---

① 杨雪：《浅谈中国传统文化元素在现代产品设计中的应用》，《大众文艺》2015年第20期。

▶ 湖北省博物馆
非遗纸雕玩具

于产品设计开发的元素众多，文创产品设计者要深入研究博物馆馆藏资源，选定一批能突出场馆特点的馆藏元素，进而打造成产品系列和文创品牌。在恭王府萃锦园里有一座太湖石假山，山脚下有个秘云洞，洞府正中央石壁上有一座康熙御笔的福字碑，蕴含多子、多才、多田、多寿、多福的美好寓意。每天来这里请福的人络绎不绝，人人都想亲手摸一下这公认为"天下第一灵验"的福字，好"沾一沾福气"，文化和旅游部恭王府博物馆将"天下第一福"作为设计元素进行提取，策划推出"福"系列文创产品，使之成为恭王府博物馆最具影响力的文创符号和文创品牌。

4.嫁接法

嫁接法的设计方法创意源自自然界中植物的嫁接技术，即通过把一棵植株的芽或枝接在另一株植物体上，使接在一起的两部分长成一个完整的植物体的一种繁殖方式。文创产品设计者借鉴了植物的嫁接技术，将两个看似不相干但却有一定联系的事物巧妙地结合在一起，创造出前所未有、让人耳目一新的文创产品设计方法。嫁接法是对上述组合法的进一步升级优化，组合法强调将一些相关联的设计元素进行简单组合，而嫁接法更突出文创产品设计的情理之中和意料之外，唤起消费者购买意愿。近年来，博物馆非遗主题文创产品火爆"出圈"，博物馆文创产品的设计并非一定基于馆藏的非遗文化资源，而是可以用非遗作为文创设计的表达方式，嫁接到馆藏的文创产品上，从而达到一种出其不意的传播效果。

5.解构重构法

解构重构法是指设计者在文创产品设计时，对传统艺术形式符号进行处理，将完整的图案分解，把那些精美的元素从原有的图案中拆解提取出来，然后依据新的设计逻辑和理念对这些元素进行重新组合的设计方法。解构重构的设计方法强调对设计元素的打散和重组，可以将文物史料的图形、线条、色彩等要素进行

◀ 大同博物馆金属冰箱贴

剥离，然后运用排列组合的方式进行重组，从而产生与原有元素似是非是的疏离感，从而调动消费者对文创产品的购买意愿。大同博物馆金属冰箱贴的设计采用解构重构法进行创作，设计师将大同地区的云冈石窟、悬空寺、华严寺、大同古城等著名旅游目的地作为基础元素，运用插画形式进行重构创作，设计出金属冰箱贴，诠释传播了大同文化旅游资源，助推大同成为文旅热门城市。

6. 联想法

联想法是指设计者在文创产品设计时，运用联想、类比等手段，将馆藏的传统文化元素和现代的设计风格在一定关联下进行碰撞互动，形成一种前所未有产品样式的设计方法。联想法要让设计者充分发挥在产品设计层面的想象力，让产品更具趣味性。甘肃省博物馆推出一款名为"风起云涌"的文创玩偶，将有关当地特色口音的网络热梗通过联想具象化，引发社会关注。由于甘肃当地不少人口音前后鼻音难分，"让身边甘肃人说'风起云

▶ 甘肃省博物馆"风起云涌"文创玩偶

涌'"成为网络热梗。该玩偶头发很长且凌乱,疑因"风起";颜色有白云白和乌云灰,体现"云涌";脚下踩着滑板,上面写着"风起云涌"。

(五)"爆款"文创产品开发的基础要件

近年来,博物馆文创产品持续快速发展,并大有超越展览成为博物馆机构最重要的精神文化产品的趋势,个别博物馆甚至出现到博物馆排队不为看展览,就为购买冰箱贴的情况,随着博物馆文创产品掌握了博物馆文化传播的"流量密码",文创产品对中华文明和文化遗产传播的反作用力不容小觑。聚焦文创产品实践层面,对任何一家博物馆而言,打造博物馆"爆款"文创产品难度依然较大,这需要博物馆打好文创产品开发与研究的基础,顺应时代和人民文化需求,积极推动博物馆文化产品输出与供给,持续推出群众欢迎、人民满意的精神文化产品。具体来看,博物馆可以从以下五个方面着手,营造"爆款"文创产品的孵化场景。

1. 根植丰富馆藏资源

"爆款"文创产品之所以能"火",是建立在文创产品内容与形式高度统一的基础之上的,而产品内容要基于无可复制、独一无二的馆藏资源基础之上。文创产品的设计方式、理念可以借鉴模仿,但馆藏资源的唯一性是博物馆区别于其他场馆的独特优势。诚然,博物馆文创产品设计更多关注于产品形式的表达,但博物馆文创产品开发人员也要加强对馆藏文物史料资源的梳理和研究,推动史料资源研究成果向文创产品展示传播成果转化。馆藏资源是文创产品开发的根脉和基础,是应对其他博物馆在产品设计层面无法模仿的"篱笆墙",是博物馆核心竞争力的最终体现,需要博物馆文创产品开发设计人员高度重视。北京古代建筑

▶ 北京古代建筑博物馆"天宫藻井"冰箱贴

博物馆的天宫藻井最早是隆福寺的建筑构件,有"最美藻井"之称,是我国现存明代藻井实物中的精品,也是北京古代建筑博物馆的"镇馆之宝"。博物馆基于天宫藻井开发了冰箱贴,并成为2024年度国内首屈一指的"爆款"博物馆文创产品。天宫藻井冰箱贴保留了藻井原型的5层立体结构,每一层都按照藻井的真实结构设计绘制,可以组合也可拆卸。表面采用传统珐琅描色工艺搭配玻璃漆上色,底层星空图设计了夜光效果,如果将冰箱贴置于暗处,还会带给消费者不一样的惊喜。从上述案例可以看出,文创产品的冰箱贴产品形态可以复制模仿,但天宫藻井仅存在于北京古代建筑博物馆,由于馆藏资源的独一无二,让天宫藻井冰箱贴火爆,也让本身IP并不算有名气的北京古代建筑博物馆顺利"出圈"。

2. 打造优质文创IP

博物馆文化IP是指博物馆拥有的知识产权，包括文物藏品的研究成果、品牌图像、建筑、陈列设计方案等无形的文化资产。这些IP元素不仅代表了博物馆的独特文化和历史，还具有商业价值，可以通过各种形式进行开发和利用。聚焦文创产品设计开发领域，博物馆要打造文创专属IP，持续为IP概念、形象赋能提升。"唐妞"是陕西历史博物馆的形象代言人，由西安桥合动漫的创始人乔乔亲自设计。她高髻峨眉，面如满月，体态丰满，身穿宽袖长裙，以崭新的卡通形象示人。这位来自唐朝的小胖妞是以唐仕女俑为原型，保留其妆容特点，结合现代漫画特色设计而成的。她一经出现，就迅速夺得大家的喜爱，成为陕西首个上春晚的动漫IP形象。"唐妞"人物形象由漫画家乔乔以陕西历史博物馆的唐朝仕女俑为原型打造，糅合了西安十三朝古都的历史文化底蕴，打造出的独特卡通人物。"唐妞"有深厚的历史文化背景，以历史情感为切入点进入动漫市场是"唐妞"的巨大优势，目前已推出唐妞公仔、抱枕、团扇、手机壳、冰箱贴、钥匙链等

◀ 陕西历史博物馆打造的"唐妞"动漫IP形象

各类衍生品，已授权合作品牌包括中国网、香格里拉酒店、西部证券、万达广场、九愚茶品等，在西安乃至全国的文创领域颇具影响，成为陕西最有影响力的原创 IP 形象之一。

3. 及时捕捉流量密码

文创产品之所以能称得上"爆款"，必然少不了"流量"的加持。产品"流量"获取的路径无非有二：一是博物馆通过自身力量策划制造"流量"。就目前而言，全国范围内仅依靠强大的博物馆 IP 而推出"爆款"文创产品的文博场馆屈指可数，另外从博物馆职能定位上看，博物馆制造文创产品舆论传播"流量"与博物馆的职能定位不相符，"流量"对博物馆文创产品策划设计人员来说，可遇而不可求。二是博物馆捕捉跟进"流量"。在博物馆策划制造"流量"无法实现的前提下，"蹭流量"便成为一种切实可行且风险投入较低的运行方式。近年来，一些博物馆深谙"蹭流量"之道，并在文创产品运营上取得丰硕成果，值得其他博物馆借鉴学习，如 2024 年中国国家博物馆推出的凤冠冰箱贴火爆全国。数据显示，从 2024 年 7 月开售至 11 月底，两款木

▶ 中国国家博物馆"凤冠"冰箱贴

质和金属款冰箱贴共计销售超53万件，成为中国国家博物馆近20年来当之无愧的文创产品"销冠"。社会公众往往关注到的是文创产品"爆款"的结果，而鲜有讨论"流量"产生的成因和文创产品研发团队打造"爆款"的过程。"凤冠"冰箱贴的原型出土于北京明定陵地宫，20世纪50年代，郭沫若等人发掘了明神宗定陵，打开地宫后，发现里面有三具棺椁，它们的主人分别为万历皇帝朱翊钧、孝端皇后王氏、孝靖皇后王氏。这顶"凤冠"就藏在孝端皇后的随葬器物箱内，名为"九龙九凤冠"，是王皇后的贵重物品，后收藏于中国国家博物馆。2023年暑期，很多人在中国国家博物馆参观时利用错位与这顶绝美凤冠打卡合影成为时尚流量，中国国家博物馆的文创产品设计师及时跟进，火速开发了这款"凤冠"冰箱贴，并一举成为顶流。由此可见，博物馆文创设计研发人员要提升市场敏感度，及时捕捉"流量"密码，特别是本馆具有"流量"的馆藏文物或事件，要及时研发推出配套文创产品，推动博物馆文化的"裂变式"传播。

4.建立意见反馈机制

博物馆文创产品应深度参与市场竞争，博物馆应打通文创产品反馈渠道，建立意见反馈机制，通过加强博物馆与社会公众的紧密互动，充分了解产品市场需求，不断推动产品迭代升级，以不断满足人民群众日益增长的博物馆文化需要。目前，博物馆普遍缺少对文创产品消费市场的研究和紧密互动，博物馆还停留在"以我为主"的旧理念中，缺少市场经营意识，从而影响了"爆款"的打造。博物馆可以利用官方微信、微博以及其他新媒体宣传平台发布调查问卷，获取产品用户画像、产品评价、消费者行为等相关信息，与消费者和文创产品玩家深度互动，特别是对消费者提出的可操作性强、易实现的产品修改建议积极采纳，文创产品的研发设计运营可借鉴App运营理念，不断优化产品使用

▲ 河南博物院"考古盲盒"系列文创产品

中产生的漏洞,让消费者参与文创产品创作,推进文创产品的迭代升级。基于上述运营理念,河南博物馆成功打造出火爆全网的"考古盲盒"系列文创产品,成功让国内文博圈看到了来自中原大地的博物馆文创产品实践成果。

5. 文创产品开发积累

文创产品"爆款"的出现有一定的偶然性,也有一定的必然性。偶然往往是"流量"的产生发展,很难以博物馆的意志为转移,容易陷入"不知哪块云彩有雨"的自我怀疑中,但如果博物馆缺少对文创产品的持续开发和量的积累,也是无法推动博物馆文创产品从"普通产品"到"爆款产品"的质变的。上文案例分析了中国国家博物馆的"爆款"文创产品"凤冠"冰箱贴,但中国国家博物馆基于"凤冠"主题开发的产品,不只是冰箱贴,围绕"凤冠"IP,还陆续开发了笔记本、徽章、雪糕等10余款产品,客观地说这些产品也并没有达到"凤冠"冰箱贴的

◀ 中国国家博物馆"凤冠"系列文创产品

市场火爆程度。因此,博物馆打造"爆款"文创产品一定要注重文创产品开发品类数量和研发经验的积累,这都是产品走向成功不可缺少的关键环节。

第四节

博物馆文创产品开发设计的难点与提升路径

当前博物馆文创产品处于快速发展期，文创产品品类逐步丰富、"爆款"层出不穷、经营产值喜人，然而不同博物馆间文创产品项目运营成绩差异巨大，产品同质化现象严重，缺少博物馆自身特色。针对文创产品面临的痛点、难点，博物馆应积极应对，寻找破局之道，推动文创产品开发设计转型升级。

一、博物馆文创产品开发设计的难点

聚焦文创产品开发设计，产品设计存在有创意无文化、有资源无转化、有产品无创意的问题，博物馆应有针对性地解决相关问题，推动博物馆文创产品运营实现高质量发展。

（一）有创意无文化

"有创意无文化"是指博物馆文创产品设计陷入了过分追逐形式美感，而忽略了对博物馆馆藏文化的表达。文创产品作为精神文化产品，强调内容与形式的高度统一，形式要为内容服务，而不是过分追求形式美，产生内容虚无主义倾向。从产品开发的艺术设计角度着眼，文创产品应该有文化表达和创作者思想观点的溢出，构思巧妙、设计精美、做工细致不是文创产品追寻的最终目的，有思想、有文化、有温度、有表达的文创产品才能称之为优秀的文创产品。博物馆要积极引导文创产品项目运营管理企业和文创产品设计师对中华优秀传统文化、革命文化和社会主义先进文化的理解，唯有这些和博物馆密切合作的文创产品创作者感悟到中华文化遗产的发展脉络、精神实质，才可能运用好艺术设计语言和创意方法，让文创产品从抽象的精神气质到具象的产品形态转化，进而推出能充分再现还原、理解阐释中华文明的优质博物馆文创产品。

（二）有资源无转化

"有资源无转化"是指博物馆往往陷入空守着丰富的馆藏文物史料资源，却缺少与之相匹配的高水平文创产品的困境中，博物馆对自身馆藏资源的家底认识不足，文创产品开发的渠道单一，资源转化能力不强。其原因有二：一是博物馆对馆藏资源研究梳理不够扎实。博物馆文创产品的教育传播是建立在扎实的研究成果基础之上的，文物史料的新发现、新成果是研发文创产品的前提和必要准备，因此，博物馆要加强馆藏资源的研究和梳理，强化史料内容的阐释转化。二是社会力量参与文创产品开发设计不足。随着博物馆公共服务市场化手段的逐步丰富，博物馆文创产品开发设计不能单纯依靠展陈设计人员的亲力亲为、单打独斗，而是应广泛调动社会各方面优势资源，参与博物馆文创产品开发设计中来，推动博物馆馆藏文物史料资源向文创产品开发设计资源转化。

（三）有产品无创意

"有产品无创意"是指博物馆文创产品缺少创意支撑，趣味性欠缺，无法调动起消费者购买欲望，进而导致产品滞销，无法实现博物馆文化的教育传播。"有产品无创意"多表现在三个方面。一是设计元素提取无创意。文创产品的"文物复仿制"属性较强，设计元素虽来自博物馆馆藏文物史料资源，但产品仅是对原有文物简单地等比例微缩复制仿制，缺少设计创意的融入。二是设计元素应用无创意。博物馆为打造系列文创产品，文创产品设计者对馆藏文物史料资源进行了元素提取和创意加工，但在推动产品系列化时，仅用基础元素在不同产品载体上进行简单的复制粘贴，产品设计较为雷同，缺少设计思想与产品的创意结合。三是产品同质化影响下的设计无创意。近年来，博物馆文创产品开发领域先后"流行"过文创雪糕、"考古盲盒"、冰箱贴等品类的文创产品，一家博物馆打造出"爆款"文创产品后，各家博物馆照抄跟进布局相关品类，呈现出同质化的产品设计风格、语言，甚至一些博物馆为快速上马产品，将"爆款"文创产品设计元素进行自家馆藏设计元素的替换，让消费者感到似曾相识，缺少产品创意。创意是文创产品的核心竞争力，也是打动消费者的关键因素，博物馆应加大创意设计来源渠道，不断优化产品设计，提升文创产品的教育传播价值。

二、博物馆文创产品开发设计的提升路径

博物馆在开展文创产品开发设计工作时要注重从馆藏文物史料资源优势向产品开发设计优势进行转换，提升博物馆文创产品开发设计水平，具体可以从加强馆藏设计资源管理、讲好文博文化 IP 故事、拓展文创设计来源渠道三个层面精准发力。

（一）加强馆藏设计资源管理

加强馆藏文物史料资源的设计素材管理是做好文创产品开发设计的基础性工作，对提高博物馆文创产品研发效率尤为关键。

然而博物馆普遍对这项基础性工作的重视程度不够，依旧采用到研发文创产品时，再邀请文创产品设计师到展厅实地获取创作灵感，缺少对产品研发工作进行有针对性的规划布局。为准确摸清博物馆馆藏文物史料资源的文创产品开发设计价值，博物馆可以从两个维度进行提升：一方面，建立馆藏文物史料查询系统。馆藏文物史料查询系统是博物馆对馆藏文物史料资源数据化处理后推出的具有查询功能的信息检索系统，该系统主要提供以下功能：文物史料的高清图像、内容介绍、关键词，博物馆文创产品开发设计工作人员可以通过系统检索关键词，高效获取符合设计需求的文物史料信息，直接用于产品开发设计。《故宫日历》是故宫文创产品中最具社会影响的系列之一，产品设计者按照每年书籍的选题，通过系统检索符合某属相的馆藏产品设计元素，极大提升了资料查询效率。另一方面，推进馆藏文物史料资源的元素整理。博物馆应对馆藏文物的设计元素信息进行打散，提取出图形、符号、色彩、线条、肌理等基本元素信息，对未来文创产品设计端重构形象设计提供借鉴依据。

（二）讲好文博文化 IP 故事

博物馆文创产品设计人员在做好常规馆藏资源梳理、提取文物史料设计元素、开发文创产品的工作路径之余，还要注重博物馆文化 IP 故事的特性，从而对文创产品开发设计起到巨大的推动赋能作用：一是生动的情节性。好的文创产品一定要有精彩迷人的故事情节，博物馆通过打造 IP 形象，创作故事情节，吸引文创产品消费者关注博物馆文化遗产保护传承的研究成果。二是丰富的情感性。打动文创产品消费者内心的是通过讲述 IP 故事，文创产品提供情绪价值，消费者获得的情感慰藉，从而促成了文创产品的消费行为。三是广阔的延展性。文博主题的 IP 故事能大大拓展文创产品的表现空间及边界，将中华文明通过故事再现还原到历史情境中，可以解决一些馆藏文物史料资源相对匮乏、主题及馆藏同质化的博物馆在文创产品开发中的现实困境，丰富博物馆文创产品的表现形式。观众在参观自然景区时，往往会听一个传说故事，把一个自然形成的特殊地貌风景，人为赋予故事和精神内涵，虽然观众知道这仅仅是一个虚构的故事，但打动他们的一定不是那片自然风光，而是融入传说的精彩故事，文创产品开发设计亦是如此。

（三）拓展文创设计来源渠道

对于文创产品设计开发而言，博物馆尽可能广泛获取优质的文创产品创意设计方案尤为关键，因此，博物馆要积极拓展文创产品设计方案的来源渠道，对产品设计方案优中选优，不断提升文创产品的开发设计水平，主要有以下三种方式：一是吸纳社会企业设计文创产品。文创产品项目运营管理企业和文创产品供应企业是博物馆获取文创产品设计方案的主要来源渠道，相关企业是博物馆文创产品项目运营的合作商，具有一手市场运营经验，了解产品市场需求，博物馆应广泛调动社会企业参与博物馆文创产品设计开发的积极性。二是举办设计大赛获取设计方案。博物馆举办文博主题的文创产品设计大赛已经成为博物馆获取优质产品设计方案的重要渠道，通过设置设计奖项与奖金，广泛调动社会创意力量参与博物馆文创产品设计开发，博物馆作为评价方参与方案评比，优先获得相关设计方案的知识产权，进而推动设计方案的市场端转化。三是联动高校设计文创产品。博物馆要加强与高等院校产品设计学科师生的联动，博物馆提供文创产品开发设计资源，高校将博物馆文创产品设计内容深入植入课程之中，博物馆与高校共同指导学生开展设计实践，博物馆可以将学生的优秀文创产品设计方案进行市场端转化，形成设计学科高等教育"教、产、学、研"的紧密互动。

第五节
博物馆文创产品营销推广

博物馆文创产品项目运营的最终目的和意义是实现社会效益和经济效益的"双溢出"效应，而营销推广是文创产品实现其价值的重要推手，甚至文创产品销售额可以看作产品研发成功与否的最直接评判标准。

一、博物馆文创产品销售渠道

为打开文创产品销路，博物馆应积极开拓产品的销售渠道，用好线下销售和线上销售两个渠道，不断拓展产品营销合作模式，积极推动博物馆文创产品走进人民群众生活之中。

（一）线下销售

线下销售作为社会公众购买博物馆文创产品的主要渠道，按照产品经营位置可分为博物馆文创产品馆内经营和馆外经营两种类型。

1. 馆内经营

馆内经营是博物馆运用授权合作等形式吸纳文创产品项目运营管理企业在博物馆展厅等空间设置文创产品经营售卖区，经营文创产品，向社会公众提供参观服务的运营模式。馆内经营是博物馆文创产品最主要的销售方式，成为博物馆文创产品经营收入的主要来源渠道。社会公众在博物馆空间产生的文创产品消费具有极强的场景化消费特征，即在观看相关主题展览后，基于博物馆展厅的特定环境下产生的消费需求，文创产品经营售卖区往往成为博物馆的"最后一个展厅"，承载着"将博物馆文化带回家"的特殊使命。因此，博物馆必须对馆内线下的文创产品销售予以高度重视，精心设置博物馆文创空间，加强对文创产品经营服务的监督与管理。

2. 馆外经营

馆外经营是博物馆将文创产品的经营销售活动设置于博物馆场馆之外，扩大博物馆文创产品的展示传播渠道的经营方式。馆外经营文创产品主要依靠两种实现模式：一是直营模式。博物馆依靠文创产品运营企业的力量，采取直接经营的办法在博物馆空间以外的区域，开设分店售卖文创产品。博物馆文创空间的设立是让文物更好地融入生活、服务人民的重要举措。博物馆文创空间主要用于集中展示销售围绕本馆文化元素开发的博物馆文创产品，同时可开展文创活动、文创研学或为观众提供便民休闲服务等，鼓励博物馆文创商店成为公共空间的一部分，以增强文化自信和满足文化需求。上海博物馆商店在浦东国际机场 1 号航站楼国际和地区出发候机厅设有分店，专营中国古代文物的复（仿）制品、文化旅游纪念品、文物图录和馆藏图书等产品品类，增加了博物馆文创产品销售渠道，向国际旅客传播中国文化。二是代销模式。博物馆可以通过与包括但不限于博物馆的商家合作，将文创产品放到合作方的平台上进行销售。博物馆间的产品代销已经非常成熟，博物馆可以推动与本馆主题相近的博物馆进行产品代销，这不仅拓宽了博物馆文创产品的销售渠道，还丰富了合作博物馆在售文创产品品类，加强了博物馆间文创产品研发经营的业务交流。

（二）线上销售

线上销售渠道是文创产品线下销售的必要补充，在博物馆设置馆内外等线下产品销售后，为进一步拓展文创产品的展示、传播、销售渠道，博物馆通过以文创产品运营服务企业为实体，搭建线上文创产品销售平台。博物馆采用的文创产品线上销售渠道包括博物馆官方网站、官方自媒体平台和官方文创旗舰店等三种形式，博物馆可依据文创产品的经营水平，选择适合本馆的线上展示销售渠道。

1.官方网站

博物馆利用官方网站经营销售文创产品是博物馆线上销售文

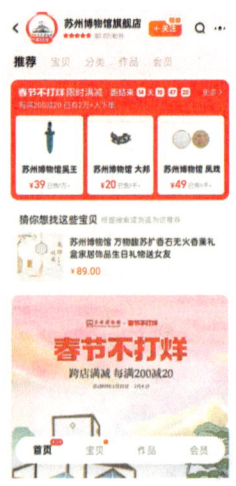

◀ 苏州博物馆线上（京东、天猫、抖音）销售平台

创产品的最初尝试，但由于博物馆官网主要作为博物馆形象展示和信息资讯发布平台，并非专业的产品经营网站，缺少必要的技术支持，因此官方网站多作为文创产品的展示传播渠道，以便消费者了解博物馆文创产品的开发情况。

2. 官方自媒体平台

随着自媒体平台逐步走进人民生活，博物馆自媒体平台拉近了博物馆与社会公众之间的距离，博物馆官方自媒体平台承载的职能角色越来越丰富，包含信息发布、参观预约、语音导览等功能，一些博物馆甚至开通了微店，提供文创产品线上销售服务。如中共一大纪念馆利用微信小程序开设"一大文创"文创商店，线上展示销售"树德里""不忘初心""馆藏文物""跨界联名"四个系列百余款文创产品。此外，随着短视频的兴起，博物馆可开设抖音、快手、小红书等视频类自媒体账号，通过相关平台的产品销售橱窗推动文创产品的经营活动。

3. 官方文创旗舰店

博物馆可根据文创业务发展需要，依托文创产品运营服务企业开设官方文创旗舰店，向社会公众提供文创产品销售服务。目前行业内主流的文创产品销售平台为淘宝和京东。如淘宝平台已涌现出中国国家博物馆旗舰店、故宫淘宝、甘肃省博物馆旗舰店、湖南省博物馆旗舰店、三星堆博物馆旗舰店等网红博物馆的线上文创商店；京东平台已开设故宫文化官方旗舰店、中国国家博物馆文创旗舰店、苏州博物馆旗舰店等博物馆线上文创商店。有一定文创产品开发和经营实力的博物馆要注重打造官方文创旗舰店，天猫及京东旗舰店对店铺运营方的经营能力实力有相应要求，有助于强化博物馆权威的社会公众形象。

二、博物馆文创空间的设置管理

博物馆文创空间又称"博物馆文化创意产品空间",是指以博物馆馆藏资源为原型,吸收和转化博物馆藏品所具有的符号价值、人文价值和美学价值,以创意重构出具有审美价值、文化价值和实用价值的新产品,并在市场中寻求价值认同的空间。它不仅包括实体的文创商品,也包括无形的文创服务和文创活动等,两者共同发挥博物馆文创服务社会公众的功能。博物馆文创空间依托各种方式对馆藏资源进行创造与提升,通过知识产权的开发与运用,产生出高附加值产品的创造性劳动的总和。文创空间的建设要立足于馆藏资源,通过对馆藏资源进行最大限度的有效转化与利用,更好满足公众日益增长的多元文化需求,拓展博物馆事业的多元化发展。简而言之,博物馆文创空间是博物馆文化价值传播和文化产品创新的重要平台,它通过创意和文化的力量,将博物馆的文化资源转化为社会公众可感知、可体验、可消费的产品和服务。文创空间是博物馆除展览外参观观众的重要打卡点位,博物馆应精心设置策划,营造出良好的文化体验与消费购物氛围。

(一)文创空间的基本类型

博物馆文创空间的形式多样,主要可分为文创商店、餐食服务区、书店、主题邮局、水吧、商品自动售卖机等基本类型,承担着博物馆为社会公众提供参观配套服务的职能。

1. 文创商店

文创商店是一个以文化和创意为核心,提供具有市场价值、审美、功能性和文化内涵的博物馆文创产品的零售空间,它通过独特的商品和体验吸引消费者,推动博物馆文化传承发展。博物

▶ 中国考古博物馆"考古文创"商店

馆文创商店承载的社会职能主要有三：一是文创产品售卖经营。博物馆研发设计的文创产品在文创商店进行销售，成为社会公众将"博物馆带回家"的重要抓手。二是观众休憩体验。社会公众在参观展览期间，可到文创商店进行休息，以便更好实施参观服务。三是公共活动举办。博物馆文创空间举办公共活动是一个融合文化、教育与娱乐的创新方式，旨在提升公众对博物馆及其藏品的兴趣与理解，同时促进文化的传承与创新。

2. 餐食服务区

餐食服务区是博物馆向社会公众提供餐食服务的文创空间。随着博物馆建设水平逐步提高，博物馆建设餐食服务区的必要性更加凸显。一是博物馆建设面积愈发增大，社会公众难以在三至四小时内参观完博物馆，参观观众在博物馆空间解决餐食需求持续增强；二是场馆选址多选择在新开发的公共文化场馆集聚区内，周边能提供餐食服务的场所稀少，在博物馆内解决基本的

▲ 内蒙古博物院的餐食服务区

参观餐食需求的必要性显著提升；三是近年来博物馆文化持续升温，暑期场馆"预约难"矛盾突出，参观观众为不影响下午或夜场参观，必须在博物馆内解决餐食问题，而博物馆运营的带有极强文化氛围的餐食服务区成为社会公众的首选。

3. 书店

博物馆书店致力打造成休闲、阅读、社教的文化综合体，满足读者多样化、多层次需求，博物馆书店提供丰富的图书资源，包括与博物馆展览相关的书籍，供参观者深入学习和了解；书店作为博物馆社会教育职能的一部分，通过图书和相关活动，向公众传播知识；

◀ 中国人民抗日战争纪念馆"抗战书店"

博物馆书店通过举办文化沙龙、学术讲座等活动,提供文化体验和交流的平台;博物馆书店销售与博物馆相关的文创产品,增加文化体验的维度。博物馆书店不仅是一个购书的场所,更是一个文化和教育的延伸空间,它们通过提供多样化的服务和体验,增强了博物馆与公众的互动和连接,是培育提升博物馆文化氛围的重要抓手。

4. 主题邮局

博物馆主题邮局是中国邮政依托自身资源优势,将传统邮政服务与文化创意相结合所开办的特色邮局。它们通常位于博物馆内部或与之紧密相关的地方,提供一系列与博物馆文化和展览相关的邮政服务和文化体验。博物馆主题邮局与普通文创商店不同,具有一些主要特点和服务:一是博物馆主题邮局售卖与博物馆馆藏相关和展览相关的邮政主题文创产品,如明信片、邮册、邮票、纪念封等,这些产品往往以博物馆的藏品或展览元素为设计灵感;二是博物馆主题邮局提供特色邮戳服务,社会公众可以在明信片或纪念封上加盖与博物馆文化相关的特色邮戳,增加纪

▶ 河北博物院主题邮局

念意义；三是博物馆主题邮局提供个性化明信片打印服务，社会公众可以拍摄个性"邮票"照片，并进行现场打印，制作独一无二的明信片；四是博物馆主题邮局提供邮寄服务，社会公众购买的邮品可以直接在邮局内寄递，增加了旅游的体验度和参与感。

5. 水吧

水吧是博物馆内提供饮品服务的区域，可提供包括软饮、咖啡、茶水等各种饮品。水吧能为社会公众提供如下服务：一是水吧可以让社会公众在参观展览间隙休息期间补充水分；二是水吧为社会公众提供了社交空间，人们可以在水吧小憩，同时享受饮品，与朋友或家人交流；三是水吧丰富了博物馆的功能性，使得社会公众在享受文化展览的同时，也能享受饮品，提升了整体的参观乐趣。博物馆水吧不仅可以为社会公众提供饮品，满足基本的博物馆参观需求，同时水吧为社会公众提供了便利和舒适的休息环境，提升了博物馆的参观体验。

◀ 河北博物院
"河博茶咖"

6. 商品自动售卖机

博物馆自动售卖机是一种在博物馆内提供自助购物服务的设备。目前，博物馆自动售卖机按照售卖的产品分类不同，可分为两类：一类是售卖博物馆研发设计的文创产品，如博物馆文创纪念币；另一类是售卖非加工（带包装）类的食品饮品。此外，博物馆自动售卖机对满足社会公众的参观需求起到了积极作用：一是自动售卖机简化了社会公众购物流程，用户可以直接扫码或刷脸支付，非常便捷；二是自动售卖机不需要专业店面，摆放灵活，为寸土寸金的博物馆节省了空间；三是自动售卖机具备强大易用的管理系统，有效帮助博物馆节省人力与时间资源，减少运营管理成本；四是自动售卖机作为文创新零售模式的探索，通过提供一系列文创销售衍生服务，帮助博物馆实现文化有效传播。

▶ 中国人民抗日战争纪念馆专属纪念牌自动售卖机

（二）文创空间的设置安排

博物馆可基于场馆实际空间布局情况，科学合理设置文创空间。综合国内各博物馆文创空间的设置位置情况，博物馆可根据文创空间的职能定位，精心设计选择博物馆文创空间的区域。

1. 参观出口处设置文创空间

博物馆在观众参观出口处设计文创空间是最常规的设置方式。文创空间作为博物馆的"最后一个展厅"，可以将博物馆的文化和展览带回家,对于推广和传播博物馆文化具有重要作用。一是文创空间设置在参观出口处,可以方便观众在参观结束后直接购买感兴趣的文创产品,这种布局符合人们的消费习惯,使得购物体验更加流畅和便捷。二是文创空间的存在可能会吸引观众在出口处停留更长时间,挑选商品,这无形中延长了观众在博物馆的停留时间,增加了他们与展览互动的机会。三是文创空间设置在参观出口处,可以更好地将文创空间作为展览的延伸,帮助观众留存记忆,把博物馆的展览、文物和其反映的社会思想带回家,具有审美与记忆的功能。苏州博物馆将文创空间设置在展厅末端参观观众的出口处,所有进馆参观的社会公众离开博物馆都要经过该区域,起到了一定"提醒"观众在离开博物馆场馆前是否要购买文创产品"将博物馆带回家"的作用,进而成为推动苏州博物馆文创工作"出圈"的有形抓手。

2. 参观流线中设置文创空间

博物馆在展览参观流线中设计文创空间是较为常用的设置方式,多见于展览展线长度较长、展示空间较大的博物馆。由于博物馆展览展线较长,社会公众参观展览的时间延长,博物馆将文创空间设置在参观流线中能更好地发挥文创空间的休憩功能,以便社会公众在观展间隙得到一定放松休息,进而为接下来的参观积蓄能量。中国共产党历史展览馆文创空间选择在展厅的连接处,社会公众在看完一个展厅后,需要转场到下一个展厅,展厅连接处是观众转场的必经之路,博物馆文创空间便设置于此,向社会公众提供文创产品销售、观众休息、免费饮用水供用等服务,保障社会公众观展的基本需求。

3. 观众休息区设置文创空间

博物馆在观众休息区设置文创空间,是在观众休息区基础上打造文创空间，突出文创空间的休憩功效。在休息区设置文创空间时，博物馆应考虑多功能区域的规划，包括展览区、创意工作坊、商业区、休息区等，以满足不同人群的需求和活动；深入挖掘文创产品的文化价值观念是文创空间设计的核心任务，通过空间设计传递文化价值，能够增强观众的文化认同感，在设计过程中要以人为本，关注观众的参观体验，提供舒适、便捷的观展环境；文创空间可以设置互动环节，如游戏、挑战、测试等，激发观众的兴趣和好奇心，如设计一个与文创产品相关的互动游戏，让观众在游戏中了解产品的特点和创意；运用科技手段增加互动性是文创空间设计的重要趋势，通过虚拟现实（VR）、增强现实（AR）、3D打印等技术，观众可以更加直观地感受产品的使用场景或个性化定制过程。中国人民抗日战争纪念馆文创空间选择在两个基本陈列展览连接处的休息区，将观众休息区和文创商店、书店、主题邮局、水吧等文创空间整合在一片区域，免费的观众休息区和文创空间部分有偿的休息区配合为观众提供服务，为社会公众提供差异化、增值化的文化服务。

4. 场馆内多处设置文创空间

一些场馆面积较大的博物馆选择在博物馆内设置多处文创空间，以满足社会公众参观过程中产生的多样文创产品与参观服务需求，同时增加了博物馆经济收入，还能在文化传播、社会参与、品牌形象等方面发挥重要作用，对博物馆的长远发展具有积极影响。相比在社会公众参观出口处、参观流线中设置文创空间，博物馆在场馆内多处点位设置文创空间能兼顾上述两者的优点，既可以满足社会公众在参观博物馆途中购买文创产品的需求，也可以在离开博物馆前到参观出口处"将博物馆文化带回家"。故宫博物院馆区内共有20家商店，这些商店主要分布在武英殿、文华殿、景运门、养心殿、乾清宫、交泰殿、御花园、乾隆花园、皇极殿、神武门等区域，观众可以依据个人需求，就近选择文创产品购买地点，大大拓展了文创产品销售与文化传播渠道。

（三）文创空间的设施配套

博物馆文创空间的功能是多方面的，不仅包括推广和传播文化、提供教育和互动体验、增强审美和记忆、促进经济发展和可持续发展等功能，还可强化地域文化认同、提供纪念价值、融合科技和实用性。这些功能共同作用，使博物馆文创空间成为连接博物馆与公众、传承文化、提升公众文化体验的重要平台。博物馆文创空间的基本类型也是多方位的，包括文创商店、餐食服务区、书店、主题邮局、水吧、自动售卖机等载体。因此，博物馆研究要注重文创空间设施的完善与配套建设。

1. 文创空间的功能配套

博物馆文创空间包括文创商店、餐食服务区等多种形式，不同类型的文创空间对基础设施要求略有不同。一是供电设计。电源是文创空间建设的基本要求，空间内使用的灯具、仪器设备均需要电源支持，博物馆应提前预留电路的承载负荷，尽可能多地设计插座等电源接口，保障文创空间的电气设备使用，同时还应保障场馆内布线安全。二是供水设计。由于餐食服务区、水吧等文创空间需要供水支持，上下水设计要合理，相关文创空间尽可能选择在离水源较近的区域，以方便施工布置，并要做到暗管设计与布线。三是供气设计。博物馆是公共文化服务空间，具有较高的消防要求，在馆区内无法实现明火加工餐饮，因此，在馆区内，博物馆可用电源替代燃气进行餐饮加工，向社会公众提供服务，如相关餐饮类文创空间设置在馆区以外的地点，博物馆可遵照文创空间所在地的消防要求决定是否使用燃气加工餐食饮品。

2. 文创空间的装饰风格

文创空间是博物馆的重要组成部分，装饰风格要与博物馆的场馆主题、展览内容、展陈设计风格等相统一，而不能自成一派，破坏了场馆的整体文化氛围营造。综合来看，博物馆文创空间的装饰风格主要有以下几类：一是国风风格。中国风的博物馆文创空间设计特点主要体现在传统家具、装饰品及黑、红为主的装饰色彩上，室内多采用对称式的布局方式，格调高雅，造型简朴优美，色彩浓重而成熟，该种风格较适宜遗址类、文化遗产类博物馆。二是现代主义风格。现代主义风格的博物馆文创空间强调简洁、功能性和科技感，采用钢结构、玻璃幕墙等设计。这种风格的博物馆常常注重展览的灵活性和互动性，采用开放式空间设计，该风格较适宜艺术类博物馆，强调文创空间的"小资化"色彩。三是传统与现代相结合风格。现代传统风格将传统元素与现代设计相结合，保留传统建筑设计的风格和结构，但内部设计和展示方式采用现代化的手法，该风格较适宜综合类博物馆，完美体现传统与现代、中西合璧的碰撞，生动再现中华文明的传承和发展。四是自然风格。自然风格倡导"回归自然"，美学上推崇自然、结合自然，在文创空间设计中，自然风格强调室内多用天然材料，如木料、织物、石材等，显示材料的纹理，营造清新淡雅的氛围，该风格较适合自然类、科技类博物馆。五是乡土风格。乡土风格对自然材料和自然情趣的运用十分广泛，体现了返璞归真的心态，现代人对阳光、空气和水等自然环境的强烈回归意识以及对乡土的眷恋，使人们将思乡之物、恋土之情倾泻到室内环境空间、界面处理、家具陈设以及各种装饰要素之中，该风格较适宜非遗类、社区化的博物馆，文创空间设计风格要拉近场馆与社会公众之间的距离，营造出乡土气息的文化氛围。内蒙古博物院依托独特的文化主题，将文创商店、餐饮服务区打造为草原风格，在餐食服务区设有蒙古包外形的包间，让社会公众在参观博物馆之余，置身蒙古包内吃着带有浓郁内蒙古特色的菜品，沉浸式体验草原文化，强化了博物馆文创空间的展示传播教育价值。

三、博物馆文创产品市场营销

文创产品市场营销是博物馆为推广其研发设计的文创产品或服务，满足消费者需求，实现组织目标而进行的一系列策略规划和实施活动。文创产品市场营销是全面的管理过程，涉及市场研究、产品开发、推广、分销和客户服务等多个方面，旨在通过满足消费者需求来实现博物馆文创产品经营销售的目标。

（一）博物馆文创产品市场营销的意义

文创产品研发设计后需要配合市场营销进行推广。"酒香也怕巷子深"，文创产品是否得到人民群众的满意必须通过市场来检验，而好的文创产品未必有好的市场，为避免出现文创产品"叫好不叫座"现象的出现，博物馆必须加强对文创产品市场营销的投入，从而彰显出提升文化传播普及程度、增强公众参与互动效果、扩大博物馆品牌影响力、促进经济效益与社会效益溢出的重要价值。

1. 提升文化传播普及程度

博物馆推进文创产品的市场营销有助于将博物馆文化传播给更广泛的受众，提高社会公众对历史文化的认知和理解，促进文化的普及、传承、发展。一是强化文化传播的载体功能。文创产品以博物馆的藏品或历史文化为背景，通过现代设计理念和审美观念进行再创造，成为承载文化故事的载体。这些产品不仅具有观赏价值，更重要的是能够传递背后的历史文化信息。二是增强公众的文化认同感。文创产品通过创意性的设计，将传统文化元素以新颖、有趣的方式呈现出来，从而增强了公众对文化的认同感。三是拓宽文化传播渠道。随着社交媒体的普及，文创产品成为人们在社交媒体上分享的新焦点。人们购买文创产品后，往往会在社交平台上展示和分享，这种分享和传播形成了一种口碑效应，吸引了更多人关注和了解传统文化。同时，博物馆也借助社交媒体进行文创产品的宣传推广，通过有趣的话题、精美的图片和视频激发公众的好奇心和购买欲，进一步拓宽了文化传播的渠道。四是推动文化传承与创新。博物馆文创产品的开发过程本身就是对传统文化的传承与创新。产品设计师们通过深入挖掘传统文化的内涵和价值，结合现代设计理念和审美观念进行再创造，使传统文化得以在时代背景下焕发出新的活力。

2. 增强公众参与互动效果

在我国，博物馆一直以来都更为关注史学研究、文物征集保护、展览展示等业务领域，而相对忽略了对社会教育、宣传推广等教育传播方面的支持，博物馆是一个开放的公共文化服务机构，需要博物馆调动社会公众的参与程度，而文创产品便是能充分发挥互动优势的工作抓手。有效的文创产品市场营销作用十分突出：一是能够吸引更多的观众参观博物馆。在"凤冠"冰箱贴火爆"出圈"的带动下，中国国家博物馆甚至出现了预约参观主要是为去购买冰箱贴的"怪现象"，我们常规认识下，观众参观博物馆后产生场景化购物需求，从而带动了文创产品的销售，而现阶段这种关系出现了倒置，即为购买文创产品从而产生了参观博物馆的文化需求，不得不感慨文创产品对文化传承发展的巨大赋能作用。二是增加社会公众的参与度和互动性。近年来，博物馆文创产品的设计研发与营销推广愈发注重产品设计师与社会公众的互动和共创,产品设计不断迭代优化,产生新的玩法,培养了产品的用户黏性。三是博物馆日趋成为社区文化生活的组成部分。博物馆社区化成为新博物馆学研究的重要方向,也是建设"以人民为中心"博物馆的必然要求,优秀的文创产品应当走入人民群众生活之中,不断提升社区文化的参与度。

3. 扩大博物馆品牌影响力

博物馆通过有效的文创产品营销推广,有助于博物馆的品牌影响力和社会知名度显著提升。一是文创产品作为品牌传播媒介。文创产品以其独特的设计理念和丰富的文化内涵,成为博物馆品牌传播的重要媒介。通过文创产品,博物馆能够将自身的文化基因、历史底蕴和艺术价值传递给更广泛的受众。这些产品不仅具有实用性,更重要的是能够激发人们对博物馆的兴趣和好奇心,从而引导他们深入了解博物馆的品牌故事和文化内涵。二是提升品牌知名度和美誉度。文创产品的设计和销售往往与博物馆的展览、活动相结合,通过线上线下多种渠道进行宣传推广。这种全方位的宣传策略能够显著提升博物馆的知名度,使更多的人了解并关注博物馆的品牌。文创产品的质量、设计和文化内涵直

◀ 上海博物馆大克鼎·米奇文创产品

接影响到消费者对博物馆品牌的评价。优质的文创产品能够赢得消费者的喜爱和认可，进而提升博物馆的美誉度。三是打造品牌特色和差异化优势。文创产品的开发有助于博物馆形成独特的品牌特色和差异化优势。通过深入挖掘博物馆的藏品资源和文化内涵，设计师可以创造出具有独特风格和故事性的文创产品。这些产品不仅能够满足消费者的个性化需求，还能够与其他博物馆的文创产品形成鲜明的对比，从而增强博物馆的品牌竞争力。四是促进品牌跨界合作与资源共享。文创产品的成功开发还促进了博物馆与其他品牌之间的跨界合作与资源共享。通过与其他知名品牌或热门IP的联名合作，博物馆可以进一步拓宽文创产品的销售渠道和市场影响力。同时，这种跨界合作也有助于博物馆吸收其他行业的先进经验和创新理念，为自身的品牌发展注入新的活力。文创产品拥有与众不同并区别于其他博物馆的个性和排他性，博物馆要立足于本馆独特的馆藏文化资源，通过一件让人记忆深刻的文创产品、IP形象，不断丰富强化博物馆在公众间的社会影响力。在众多博物馆机构竞争中，有效的文创产品市场营销策略可以帮助博物馆脱颖而出，吸引更多的观众。苏州博物馆作为一个地级市博物馆，本身缺少丰富的馆藏资源，在文创产品"破题出圈"的带动下，苏州博物馆走出了一条独具江南文创特色的道路，通过特色化定位和人格化IP打造，使得苏州博物馆在众多地市级甚至省级博物馆中独树一帜、自成一家。

4.促进社会经济效益产出

文创产品市场营销有助于推动博物馆经济效益和社会效益的溢出。博物馆文创产品市场营销的经济效益体现在以下三个方面：一是市场增长与收益预期。文创产品以其独特性和创意性，满足了消费者日益增长的个性化需求，市场潜力巨大。随着文创产业的快速发展，市场规模持续扩大，收益预期可观。二是产业链协同与资源整合。文创产品的开发、设计、生产和销售等环节，涉及多条产业链，有助于实现产业链的优化配置。通过整合人才、技术、资金等资源，形成产业聚集效应，降低运营成本，提高经济效益。三是创新驱动与附加值提升。文创产品注重创新和设计，通过融入传统文化元素和现代设计理念，提升产品附加值。创新不仅体现在产品设计上，还包括营销模式的创新，如线上直播带货、社交媒体推广等，进一步拓宽销售渠道，增加收益。博物文创产品市场营销的社会效益体现在三个方面：一是文化传承与推广。文创产品将传统文化元素融入设计中，通过产品的传播和使用，有助于推广和传承传统文化。这种文化传承不仅限于国内，还可以通过国际文化交流，提升国家文化软实力。二是促进就业与创业。文创产业的快速发展带动了相关就业岗位的增加，为年轻人和具有创造力的人才提供了广阔的就业机会。同时，文创产业的灵活性也激发了创业热情，为创业者提供了良好的创业环境。三是提升社会文明程度。文创产品作为一种文化载体，能够提升公众的文化素养和审美能力。通过文创产品的传播和使用，有助于营造积极向上的文化氛围，提升社会整体文明程度。

（二）博物馆文创产品整合营销

1. 整合营销

整合营销（integrated marketing）是一种营销策略，它涉及将所有的营销活动和工具整合在一起，以创造一个清晰、一致和最大化的品牌信息。这种策略的核心在于协调使用各种不同的传播渠道、手段和方法，以确保品牌信息的一致性和连贯性，从而更有效地触达目标受众，并实现营销目标。

2. 整合营销特点

整合营销具有以下特点：一是一致性。确保品牌在所有渠道和触点上传递的信息是一致的，无论是通过广告、公关、销售推广、直接营销还是数字营销都要保持协同一致。二是协调性。不同营销部门和团队之间的工作需要协调一致，以避免信息冲突和资源浪费。三是以客户为中心。整合营销以客户需求和体验为中心，旨在建立和维护与客户的关系。四是多渠道覆盖。使用多种营销渠道，如传统媒体（电视、广播、印刷媒体）、数字媒体（社交媒体、搜索引擎、网站）、事件营销、公关活动等，以覆盖更广泛的受众。五是测量和优化。通过分析不同渠道的效果，对营销活动进行持续的测量和优化，以提高效率和投资回报率。六是灵活性。能够根据市场变化和消费者反馈快速调整营销策略。

3. 文创产品整合营销手段

博物馆文创产品的市场营销要重视整合营销策略，把市场营销理念注入产品策划、研发、设计、生产、销售的全过程各环节中，其中特别注重博物馆观众的参观需求、观众获得满足的成本、观众参观博物馆的方便性、博物馆与观众的有效沟通等内容，在此要求基础上，博物馆应在关系营销、品牌营销、故事营销方面进行统筹布局：一是关系营销。博物馆文创产品的销售过程也是一个产业链化的利益构成，是各个成员互相配合各取所需的过程，博物馆可以寻求一个稳定的平台合作商进行文化版权的授权，利用博物馆的文化资源，结合平台自身的载体和运作者的市场化技能，达到积极的市场效果。二是品牌营销。博物馆需要树立良好的品牌形象，通过社交媒体、电视、户外广告等渠道进行文创产品品牌宣传，提升博物馆文创产品的知名度和美誉度，同时提供高质量的文创服务，以满足游客的多层次博物馆参观需求，为他们留下深刻的印象。三是故事营销。博物馆可以通过线上展示功能和网络营销媒介合作，快速推广具有博物馆特色的文创产品，在展出过程中，避免直接性展示，而是通过"说故事"的方式激发大众兴趣，将文创产品进行包装，转换成可以在受众中广为流传的小故事，以此获得更多关注。

（三）文创产品创新营销方法

聚焦博物馆文创产品的整合营销，应强化对博物馆文化内容及传播规律的理解认识，不断创新适合文博机构的营销方法，结合目前在博物馆文创产品营销领域已取得的成果和经验，具体可在内容营销、事件营销、情感营销、数字技术营销、社交媒体营销方面积极推进。

1. 内容营销

博物馆拥有极为丰富的馆藏文化资源，因此最不缺少的便是"内容"。博物馆可以将历史文化内涵，通过"说故事"的营销模式，将五千年中华文明的悠久历史和蕴含其中的精神实质，运用深入浅出的文字语言、生动活泼的人物形象，讲述传播给社会公众，以促进大众对博物馆文化遗产的理解和文创产品的认同。在营销实践环节中，博物馆应注重馆藏史料向营销素材的内容转化，博物馆文创产品开发与运营人员一方面要加强对馆藏文物及史料资源的研究梳理，了解本馆特色馆藏，另一方面要紧跟时代发展潮流，明晰文化传播热点和方向，了解最具市场活力的年轻消费群体的关注领域和接受方式，进而打通文化传播渠道，推动博物馆文创产品的内容营销。2014年，故宫文创以一篇名为《雍正：感觉自己萌萌哒》的文章走红网络，其中比着"剪刀手"的雍正皇帝形象一时间风靡网络，故宫文创就此出圈，引起了社会强烈关注。

2. 事件营销

博物馆可以抓住时事热点,如影视、节日等,策划推出文创产品和活动,将相关主题与博物馆文化元素完美融合,加强博物馆品牌宣传、扩大品牌影响力。博物馆要加强对时事热点、文化现象、流行潮流的关注,积极探索博物馆各项资源与热点、现象的关联度,广泛吸纳社会资源为博物馆文化传播服务。2020年7月1日,由中共一大纪念馆策划的"追梦者""七一"活动在东方网娱乐微博上线,青年偶像变身"追梦者",与红色场馆代表、大国工匠、新生代青年共同打卡红色文化地标,为主题文创直播带货。直播中,作为红色文化传播的新人,李佳琦、许魏洲、朱桢带领观众一路闯关,打卡上海红色文化地标,聆听先辈们的追梦故事,三位"追梦者"根据任务卡上的线索猜出目的地,前往打卡点与嘉宾会合,而观众也从中收获了不少红色文化知识。

3. 情感营销

近年来,博物馆文创产品研发设计愈发关注产品的情绪价值功效。博物馆文创产品应满足消费者情感上的寄托与期待,与之产生心灵共鸣。情感化设计是文创产品表达情绪价值的核心。它以用户为中心,了解用户的情感需求和体验感受,将为用户提供"情绪价值"作为产品设计的出发点。文创产品不仅关注产品的实用性和美观性,还强调产品与用户之间的情感联系和共鸣。博物馆文创产品研发设计人员要深刻理解文化背景、用户需求,并在产品设计、服务、品牌建设等多个层面进行情感化的设计和实施。例如,故宫猫系列衍生产品、同心结红绳等,触动了消费者情怀,激起了消费欲望。甘肃省博物馆深化以国宝级文物铜奔马为原型的"神马来了"系列文创产品,打造"绿马"卡通形象,并研发出防疫口罩、绿马头套等"绿马"文创产品,深受消费者喜爱。通过"博物馆+商业"的模式,让博物馆文化更加贴近百姓生活。

4. 数字技术营销

博物馆可通过官方微信公众号、视频号、抖音号、快手号等账号或利用其他相关数字技术平台,运用众筹预售、直播带货等新型网络推广形式宣传推介文创产品,带动产品销售。南京博物院通过公众微信号预售中秋月饼礼盒,并在腾讯平台进行"兄弟王"文创直播。博物馆应特别关注文创产品主要受众群体的接受习惯和传播方式,特别要关注青年人消费群体的接受喜好,并给予精准营销。博物馆文创产品通过直播电商焕发新生,年轻人对博物馆文化的独特消费态度体现在他们既在博物馆接受历史与文化的洗礼,又不忘从博物馆文创馆里"疯狂扫货"。甘肃省博物馆文创中心成功探索到短视频运营规律,在抖音破圈圈粉,他们追热点话题、用流行配乐成为博物馆文创的运营"必修课",文创产品营销人员为短视频内容增加了一个主角——"小绿马"的立体形象,配合第一视角的拍摄形式,以更加直观、沉浸的内容体验拉近与年轻用户的距离。

5. 社交媒体营销

社交媒体可以帮助企业博物馆维护与文创产品消费者的长期关系,通过持续的互动和沟通,增强品牌忠诚度。社群平台鼓励用户参与和反馈,参与感可以提高消费者的活跃度和对品牌的投入。社群营销有助于博物馆建立围绕文创产品品牌的社区文化,可以成为博物馆文创品牌资产的重要组成部分。文创产品研发设计人员可以在社群中快速测试新产品或服务的市场反应,收集反馈并及时调整策略，降低文创产品的研发投入风险。在实践操作层面，博物馆可以利用微博、微信等社交媒体平台进行营销，通过发布专题推文、互动活动等方式，讲述文物故事、设计亮点，增加产品的曝光率和互动性，建立用户与博物馆资源间的联系枢纽，通过社交媒体如微博、微信、抖音、小红书等平台，博物馆可以构建自己的粉丝团体，有助于推动博物馆文创产品的营销传播。

第五章 博物馆文创产品项目运营展望

博物馆文创产品是近十余年来我国文博事业发展中最具活力的增长点，助推博物馆从"活起来"到"火起来"。文创产品使观众加深了对博物馆文化遗产的理解，让观众把博物馆记忆带回家，延伸和拓展了博物馆文化传播和教育的社会功能。许多博物馆立足本馆文化内涵，以创新为中心，把有自身文化特色的元素融入新研发的文创产品之中。文创产品从简单文物仿制发展到注重自我价值创造和社会影响力，销售渠道多元化，跨界合作更成熟，通过技术元素融入并向文创数字化发展，文创产品繁荣发展的趋势不可阻挡。另外，部分文创产品运营面临的痛点、难点、卡点依然需要博物馆文创人及相关文旅行政管理部门共同努力加以解决。

第一节
博物馆文创产品繁荣趋势不可阻挡

在"文创热"带动下,博物馆成为城市旅游的目的地和打卡地,城市"文化会客厅"的作用属性不断增强。在此发展趋势的指引下,博物馆及相关行政管理部门以满足人民群众日益增长的文化需求为根本遵循,把握博物馆文创产品发展的时代脉搏,面对行业发展可能出现的新形势、新现象,积极应对、顺势而为,及时提出新举措、新办法,不断推动中华文明的传承和发展。

一、行政管理部门对文创产品项目运营支持逐步增强

博物馆文化传播的意识形态属性较强,行政管理部门必须加强对相关内容的监管和指导,呈现出博物馆文创产品运营实施细则实现纵向深入、推动博物馆文创产品运营工作抓手逐渐丰富、示范省份带动作用下后发力省份激励力度更强劲的发展趋势。

(一)博物馆文创产品项目运营实施细则实现纵向深入

近十余年来,我国博物馆文创产品领域取得的成就与各级文

旅行政管理部门的引导鼓励分不开，从2016年国家四部门颁布的"36号文"，为我国博物馆文创业务发展提供了划时代的方向性指导；到2021年国家八部门印发的"85号文"，对博物馆文创业务进行了进一步明确和推进；再到各省、区、市文旅行政管理部门积极跟进，上海先行先试、大胆创新，制定针对本地区博物馆的文创产品运营和激励政策，成功锻造了上海博物馆、中共一大纪念馆等全国响当当的博物馆文创品牌，此后，湖南、河南、北京、山东等地积极跟进，多部门协同发文明确实施细则，甚至主要负责同志顶层设计、大力推动，博物馆文创成果百家争鸣、百花齐放；以洛阳为代表的注重文化保护传承的地级市亦积极作为，联合印发《关于推进试点博物馆文化创意产品开发的若干措施》，明确洛阳博物馆、二里头夏都遗址博物馆、洛阳古墓博物馆、隋唐大运河文化博物馆、洛阳民俗博物馆等5家博物馆为试点，在设立经营主体、健全收入管理、完善激励机制、加强人才培养等方面先行先试，积极探索科学有效的博物馆运营"洛阳模式"，形成了中央、省、地市三级支持博物馆文创产品项目运营的政策联动，打通了基层博物馆推进文创产品项目运营的堵点、卡点，也为其他未出台相关细则的地区指明了工作借鉴方向。

（二）推动博物馆文创项目产品运营工作抓手逐渐丰富

文旅行政管理部门推动博物馆文创产品项目运营的工作抓手逐渐增多，举办博物馆文创产品项目运营和开发设计人才培训班，加强博物馆文创综合型、复合型人才培养；搭建博物馆文创产品展示与宣传推广平台，扩大博物馆文创产品的传播力、影响力；组织博物馆文创产品设计大赛，积极为博物馆提供创意设计来源；发挥行业带动作用联动多家文博机构开发文创产品，打通博物馆间的文创产品业务交流渠道；推进博物馆文创工作成效评估和绩效考核，督促引导文博场馆开展文创经营工作；鼓励博物馆与艺术设计院校积极合作，加强文创产品设计教学、产业、研究的互融互通；引导博物馆加强馆藏资源的知识产权保护，指导文化遗产授权和成果转化；加强对博物馆收入分配的绩效指导和管理，调动博物馆文创产品项目运营的工作积极性等多项举措，不断推动博物馆文创产品项目运营走深走实。

（三）示范省份带动作用下后发力省份激励力度更强劲

在文旅部"36号文""85号文"指导下，上海市文旅局先行先试，将入选国家文物局报送的文创试点单位纳入上海市文创产品开发试点范围内，并取得了全国文博行业内令人瞩目的成果。而后相关各省（市）积极学习"上海经验"，湖南、河南、北京、山东等地纷纷出台了基于本省文创的工作实施细则，取得了较强的示范带动作用。而后出台政策的省份，无须担忧政策试错，在前人探索的基础上，丰富本省情况特点，让文创试点工作实施细则更具针对性和落地价值。从收入分配的激励比例上看，从行业普遍认可的博物馆文创产品净收入的30%可用于人员激励分配，后出台政策的省份甚至将其调整为50%，政策激励更为激进，能更好调动博物馆文创产品项目运营人员的工作积极性，足以体现相关省份后发制人，做好博物馆文创工作的信心与决心。

（四）文旅部门依然是推动项目运营升级的第一责任人

博物馆多属于国有性质的公益一类文化事业单位，承担着为社会公众提供基本的公共文化产品与服务的职能。由于博物馆文创产品项目运营相较传统文创产业业态创收能力依旧不足，加之博物馆还应正确处理公益属性和经营属性的关系，即以公益属性为主，通过市场化运营不断满足社会公众差异化、定制化、市场化的文化需求。因此，博物馆文创产业规模体量难以成为我国文化产业门类中的重要组成部分，难以纳入文化体制改革的重点改革方向，更不足以改变公益一类事业单位不得从事"经营性活动"的既有政策。基于上述情况，笔者认为，文旅部门依然是激发文化文物单位活力，推动博物馆文创产品项目运营升级的第一责任人，行政管理部门通过下发指导意见、操作标准等政策文件，进一步推进博物馆文创产品项目运营工作走向深入，鼓励省级文旅部门联动多部门明确实施细则，打通博物馆文创产品项目运营的"最后一公里"。

二、博物馆文创产品项目运营专业团队逐步涌现

博物馆文创产品项目运营人员需要较高的专业素养，具备深厚的文化艺术底蕴、敏锐的市场洞察力、创新力，以及丰富的市场营销、品牌管理、团队合作沟通等能力，能够独立从事文化创意产品的策划、结合市场需求设计具有文化元素的产品、对文创产品进行营销运营等工作。随着文创产品项目市场化运营走向深入，对人员综合素质专业度要求愈发增强，并呈现出团队集成化和行业细分化两种发展趋势。

（一）团队集成化

博物馆文创产品项目运营团队集成化是指从事文创产品项目运营需要高度集成化的专业团队进行运维实施。过去博物馆文创产品开发运营处于"谁开发谁运营"的较低层次的发展阶段，产品开发者需要承担产品的研发、设计、生产、营销等各环节，但在博物馆"大文创"的发展背景下，除常态化的文创衍生品外，博物馆研学教育产品、餐饮服务、文物复（仿）制、展览策划与制作、演出演艺等都可纳入"大文创"范畴，因此，博物馆需招募更为专业的文创产品项目运营管理企业代替博物馆实现高度专业化、细分化的业务工作。该类企业不承担某项文创产品具体

的开发和经营工作，而是需扮演好博物馆文创产品项目运营"物业"和"大管家"职能，根据博物馆的文创业务运营需求，以高度集成化的运营理念，选取合适的文创衍生品研发、餐饮服务、研学教育、展览策划实施、演出策划等业务供应商，并代替博物馆开展馆藏资源授权、法务等工作，统筹推进博物馆的文创业务。

（二）行业细分化

随着文创产品项目运营实践逐步推向深入，博物馆文创专业化要求逐步提高，行业细分愈发增强。由于文创产品项目运营服务涉及衍生品研发和经营、餐饮服务、研学教育、展览策划制作、数字服务等多领域多业态，行业差异巨大且进入门槛较高，博物馆很难找到一家企业对上述所有业务都熟悉精通，推进文创业务细分是行业的未来发展趋势。在文创衍生品研发领域，不同文创产品供应商针对特定产品形态，开发设计能力也会有不同，文创产品供应商会逐步推进行业细分，深耕自己熟悉的文创产品研发领域，文创产品项目运营管理企业统筹博物馆文创产品开发经营工作，文创产品供应商丰富优化本企业的产品线，两类企业定位分工明确，充分发挥自身优势，进而推动博物馆文创产品行业的转型升级。

第二节
文创产品项目运营问题与解决路径

博物馆文创产品项目运营虽然具有广阔的发展前景,但这些年来,困扰着博物馆文创业务实践的问题瓶颈需要博物馆人及文创行业工作者一道给予解决。一是博物馆文创产品项目运营公益性与经营性的纷争依旧存在,博物馆及相关管理部门应审慎研究;二是知识产权保护形势依然严峻,博物馆应加强资源的保护力度,推动文化资源的活化利用;三是历史文化传播严肃性与娱乐性的把握,博物馆要在实践层面进行取舍。

一、公益性与经营性的道路选择

(一)问题

我国在文化体制改革中,科学区分了公益性文化事业与经营性文化产业,博物馆属于公益性文化事业,是国家向社会公众提供基本公共文化服务的重要一环,而博物馆的文创产品项目运营又属于经营性文化产业。在我国现有文化体制下,国有博物馆大多数都为公益一类事业单位,而不得从事经营性活动是国家对公益一类事业单位的基本要求。博物馆文创产品项目运营兼具公益性和经营性的属性，二者是"你中有我、我中有你"的关系，项目运营和管理者稍有不慎，便会出现顾此失彼、以偏概全的错误实践，因此，博物馆管理者及文博行政管理部门要准确把握对博物馆公益性和经营性的方向性理解，更好地为社会公众提供高品质文化产品和服务。

（二）解决路径

博物馆文创产品项目运营公益性和经营性的方向性选择要与宏观政策制度相统一、要与社会公众的文化需要相协同、要与时代发展大势相一致，从而更好满足人民群众日益增长的博物馆基本文化需求和差异化、个性化文化需要。

1.要与宏观政策制度相统一

博物馆文创产品项目运营实践受我国基本经济制度、文化体制机制等宏观政策制度决定，并需与后者相统一。在我国以公有制为主体，多种所有制经济共同发展的基本经济制度下，文化被区分为公益性文化事业和经营性文化产业，作为基本公共文化的重要组成部分的博物馆机构，承载着向社会公众提供中华文明的收藏、研究、展示、传播等公共职能，场馆开办资金和运营经费由国家承担，决定了博物馆应始终坚持将社会效益放在首位，经济效益与社会效益相统一的基本发展要求。在经营性文化产业的项目运营指导下，博物馆要充分激发文创产品运营活力，广泛调动社会资源，参与博物馆文化建设，更好满足社会公众日益增长的文化需要，因此，"公益属性"是博物馆文创产品项目运营的本质属性，而"经营属性"更多的是博物馆实现其社会职能的方法、手段、渠道、工具，博物馆要正确区分文创产品项目运营"公益属性"和"经营属性"的区别联系，既要保证项目运营方向和意识形态传播的导向正确，又要通过灵活多变的市场运营手段，完成博物馆馆藏文化资源的活化利用，推动中华文明的传承发展。

2. 要与公众文化需要相协同

博物馆作为国家基本公共文化服务的窗口单位，基于社会公众的文化需要，推出人民群众喜闻乐见的精神文化产品和服务是文化场馆的职能所在。博物馆文创产品项目运营的各环节都应以围绕满足人民群众的文化需要作为根本遵循，运营模式、开发理念、设计方法、营销渠道等都应与人民需求相协同，充分体现"以人为本"的博物馆办馆宗旨及文创产品运营观念。随着博物馆机构开办数量日益增多，文博行业或许会呈现出由过去博物馆推出什么文化产品和服务，社会公众就必须接受什么的博物馆文化传承"卖方市场"，逐步向博物馆满足社会公众需要的社会公众文化接受的"买方市场"转变，参观人数将成为考核博物馆社会效益的重要依据，博物馆也将更加聚焦社会公众需求，不断推出差异化、定制化、市场化的博物馆文创产品和服务。

3. 要与时代发展大势相一致

博物馆要主动顺应时代发展大势积极作为，积极担负起传承中华优秀传统文化、革命文化和社会主义先进文化的历史重任与时代使命。文创产品项目运营是我国博物馆实践中的新生事物，近十年来发展迅速；另外，在我国文化体制语境下，我们无法硬搬照抄西方博物馆文创产品运营机制、理念、模式，探索出一条具有中国特色的博物馆文创产品发展路径尤为关键。当前国内一大批博物馆文创产品项目运营实践先行先试，取得了令人瞩目的社会效益和经济效益，此时部分地区博物馆及相关管理部门要看清时代发展大势，让博物馆从"活起来"到"火起来"，文创产品的赋能作用功不可没，省级文博行业管理部门应当在国家文旅部门"36号文"和"85号文"指导下，尽快明确实施细则，联合人社、财政等多部门制定配套政策，为博物馆推动文创产品项目运营实践创造积极的外部环境。博物馆要顺势而为、大胆创新、开拓进取，充分挖掘博物馆馆藏文物史料资源，广泛调动社会资源力量，积极探索适合本馆发展的文创产品项目运营模式，依靠文创产品推动博物馆文化遗产的创造性转化和创新性发展。

二、知识产权保护力度仍需加强

（一）问题

根据国家文物局印发的《博物馆馆藏资源著作权、商标权和品牌授权操作指引（试行）》中的定义：馆藏资源是指博物馆登记备案的所收藏、管理、保护的不可移动和可移动文物、艺术品等，以及在此基础上二次加工得到的，以语言、文字、声像等不同形式记载的藏品状态、变化特征及其与客观环境之间的联系特征等藏品本身蕴含的原始信息，或者经过加工处理并通过各种载体表现出来的信息，包括与之相关的文件、资料、数据、图像、视频等信息资源，包括实物和数字化信息。"馆藏资源著作权是指博物馆馆藏资源构成作品而依法产生的专有权利，其中包括：属于馆藏资源的作品，该作品仍处于著作权保护期内且博物馆通过著作权人授权或者法定许可而获得的著作权；博物馆对馆藏资源以摄影、录像等方式进行再次创作而获得的作品著作权"。应该说，除了"法定许可"的部分仍可商榷之外，该定义的基本原则是符合著作权原理的，只是对文物来讲，除了"现代文物"，处于著作权保护期内的已经非常少，因此，博物馆馆藏资源著作权大多数都是针对"博物馆对馆藏资源以摄影、录像等方式进行再次创作而获得的作品著作权"。

由于我国文物保护和研究工作起步晚，现行法律法规主要还是侧重于对文物实物的保护与研究，并未赋予博物馆等管理机构任何与文物有关的知识产权方面的权利，也没有对文物知识产权作出规定。博物馆是文物的保管收藏单位，所有权归国家，因此博物馆对馆藏文物没有所有权，《中华人民共和国文物保护法》只规定了博物馆可以依法对文物进行展览、借用、科研等。而将文物实物二次创作的过程并不属于展览、借用和科研，理论上任何一个人进到博物馆里对文物实物拍照，然后进行文创产品的二次创作并销售传播是不需要征求博物馆授权同意的；博物馆在进行知识产权登记时，对于文物史料的版权登记也仅能是摄影作品，而无法对文物史料本身进行知识产权登记。在如此背景下，博物馆对馆藏资源的知识产权保护会出现两个问题：一是影响博物馆 IP 资源转化。博物馆是文物史料的收藏展示场所，承担着中华文明的征集、保护、展示、利用的职责使命，而现实情况下，博物馆先承担了征集保护文化遗产等基础性工作的"苦差事"，而任一企业可以轻易绕过博物馆进行文创产品的开发经营，影响了博物馆 IP 资源的挖掘与转化。二是博物馆舆情风险陡然增高。由于企业开发文创产品能力水平良莠不齐，博物馆馆藏文物史料的文创产品开发运营一旦出现舆情，社会公众会约定俗成地认为此举是博物馆机构行为，博物馆成为未经博物馆授权开发并产生社会舆情文创产品的"背锅侠"，从而影响博物馆的公信力和品牌力传播。

（二）解决路径

1. 分门别类加强馆藏资源知识产权登记工作

据统计，2024 年全国备案博物馆总数达到 7046 家，国有可移动文物总数超过 1 亿件（套），全国博物馆举办陈列展览 4 万余个、教育活动51万余场,接待观众14.9亿人次,博物馆馆藏资源存在着巨大的文创产品开发潜力,博物馆为做好知识产权授权工作,必须对馆藏资源进行有针对性的知识产权登记。一方面,要加强著作权保护期外的重点文物史料资源的知识产权登记。博物馆馆藏资源仅馆藏文物便可达数万甚至数十万乃至数百万件(套),而具有较高文创产品开发价值的文物史料资源却相对较少,博物馆应做好馆藏文物史料的基础性梳理工作,对能反映馆藏特点、具有较高开发价值的文物史料启动知识产权确权登记。另一方面,要加强著作权保护期内的文物史料资源的知识产权登记。这类资源多为部分馆藏绘画、雕塑、设计方案等作品,以及博物馆创作的展览等具有知识产权的成果。针对前者,博物馆应注重在创作过程中知识产权的确权,即博物馆可通过有偿或者无偿的方式,应尽可能获取相关作品的知识产权,以免未来在产品开发时产生不必要的版权纠纷;针对后者,博物馆要加强对科研、展览内容等成果的知识产权登记确权,让相关成果在日后传承利用阶段做到"有权可授"。

2.注重文博品牌授权而非单纯文物史料授权

越来越多的博物馆认识到知识产权的重要性,不断加强知识产权的管理和保护,但由于博物馆馆藏文物史料资源极为丰富,博物馆无法将所有馆藏文物史料资源进行知识产权登记,即便将重点文物史料和具有开发价值的馆藏资源进行确权登记,工作量也将非常巨大,落地实施难度较大,博物馆可另辟蹊径、开拓思路推进知识产权登记工作。在文创产品开发和营销方面,文创产品开发企业获取开发授权,关注点往往并不在于文物史料本身,而在于具有社会公信力的博物馆IP,即博物馆机构对文创产品的背书尤为重要,基于此种理念,博物馆应不断推出文创产品,持续强化博物馆IP影响力和博物馆文创品牌力,博物馆品牌的授权，如博物馆LOGO、文创品牌授权等，可成为博物馆知识产权授权的讨巧之法。对于博物馆文创知识产权授权处于起步阶段的博物馆，可采取以博物馆品牌授权为主，馆藏文物史料资源授权为辅的运作方式，前期通过品牌授权方式推进文创产品开发的授权工作，并不断完善馆藏资源的知识产权登记素材库，形成品牌授权和文物史料授权双轮驱动的运营局面。

3. 鼓励社会力量通过正规授权方式开发产品

文化和文物行政管理部门与文创行业协会要加大对博物馆文化资源知识产权授权的引导，营造风清气正的博物馆文创产品授权市场环境。一方面，鼓励社会力量通过正规授权方式利用文物资源进行合理的创新创作，激发文物价值阐释传播，要建立权责清晰、程序规范、统筹有力的管理制度，牢牢把握正确的意识形态导向，确保文物信息安全。另一方面，消费者应选择合理合法、健康有序的收藏方式，维护自身正当权益，远离因盲目炒作产生的风险。由于博物馆拥有文物史料的保管权，基于文创产品开发和营销需要，博物馆可以提供非博物馆机构难以掌握的资料内容，如文物的参数信息、高清扫描资料等，有了这些详细的资料，文创产品开发企业才可以更精确、更详细地开发一件完美的文创产品。博物馆甚至会深度参与、监制、审核、生产文创产品，所以授权相当于博物馆对文创产品的一种背书，博物馆机构的力量不能忽视。

三、防止过度娱乐庸俗化的倾向

（一）问题现象

文创产品项目运营环节中，博物馆要始终把握好文创产品文化性和娱乐性的取舍、侧重。文创产品是博物馆活化利用馆藏文化资源的重要形式，文化传承发展单靠意识形态说教难以拉近与社会公众之间的距离，而文创产品通过市场主体的商业营销运作后，在带来深度体验感和娱乐性的同时，难免会夹杂文化过度娱乐化、庸俗化的倾向，推出"叫好又叫座"的文创产品是博物馆需要面对的"永恒的课题"，也是文创产品开发运营的最高要求。

（二）解决路径

1. 树立文创产品的正确导向

博物馆文创产品开发应坚持以社会主义核心价值观为引领，保护传承弘扬中华优秀传统文化、革命文化和社会主义先进文化。深入挖掘文化文物资源的精神内涵，使文创产品成为广大人民群众感悟中华文明、增强文化自信的重要载体。同时，坚持把文创产品的社会效益放在首位、实现社会效益和经济效益相统一。在产品研发阶段，博物馆要加强对文创产品设计开发的把关引导，一方面，对文创产品涉及的基本史实进行严格审核。博物馆设计开发人员协同史学研究人员对文创产品及其外包装上的图形、色彩、文字进行审核把关，确保相关内容真实准确还原再现历史。另一方面，对文创产品潜在可能产生的舆情进行评估。文创产品开发人员要从多角度、不同侧面解构产品的主题、内容、寓意，以在研发阶段消除文创产品引起不良社会舆情的可能性。

2. 明确文创产品的文化定位

文创产品的研发是博物馆衍生文化传播功能、发挥综合社会效益的重要工作内容，也是博物馆产业发展中开拓的新业务领域。在开发文创产品之前，博物馆应明确自身的文化定位，确保文创产品能够准确反映博物馆所收藏的文化遗产和历史背景。通过深入挖掘文化内涵，提炼出具有代表性、独特性的文化元素作为文创产品开发设计的核心。文创产品的形式设计必须为文化定位服务。一是要了解并挖掘产品所依托的历史故事、传说、艺术风格等，确保文创产品能够忠实反映其文化内涵；二是要结合产品所在地区的地理、民俗、传统工艺等特点，打造具有地方特色的文创产品；三是要反映当代社会的价值观、审美趋势和科技创新，使文创产品既符合传统文化的发展规律又彰显文化的时代魅力。

3. 注重文创产品的教育意义

文创产品不应仅追求商业利益，而应更加注重其教育功能。设计时应考虑如何将历史文化知识融入产品中，使消费者在欣赏和使用产品的过程中，能够学习到相关知识，提升文化素养，旨在通过创意和设计的力量，将文化、历史、科学等知识以更加生动、有趣的方式传递给大众，特别是年轻一代，从而激发他们的学习兴趣，培养文化素养，促进文化的传承与创新。一是要突出历史文化教育。将历史故事、传说、人物等融入文创产品设计，通过产品讲述历史，增强社会公众对历史文化的认识了解。二是要加强科学知识普及。利用文创产品介绍科学原理、自然现象、生物多样性等科学知识，激发社会公众对科学的好奇心和探索欲。三是要注重思想精神传播。在设计和推广文创产品时，要深入挖掘并传达其背后的文化价值、社会理念、哲学思考等深层次的思想精神，以此激发公众的思考，促进社会共识的形成，推动文化的传承与创新。

4. 保持文创产品的艺术审美

博物馆文创产品设计应注重艺术性和审美性，避免过度追求市场效应而导致庸俗化。通过借鉴传统艺术手法和现代设计理念，创作出既具有文化底蕴又符合现代审美的文创产品。保持文创产品的艺术审美需要从文化内涵、创意表达、材质选择、色彩与形式等多个方面入手，不断提升产品的艺术价值和市场竞争力。一是要深入挖掘文化内涵。从传统文化和历史故事中汲取灵感，将经典元素与现代设计相结合，创造出既具有历史底蕴又符合现代审美的文创产品；挖掘地域文化特色，如民族风情、地方艺术、传统工艺等，通过设计元素和材质选择体现产品的独特性和艺术感。二是要凸显产品创意与独特性。鼓励设计师发挥创意，打破常规，创造出独特且富有艺术感的文创产品；将不同艺术领域或文化元素进行跨界融合，创造出新颖独特的艺术风格。三是要注重材质与工艺的力量。选择高质量、环保的原材料，如天然木材、手工纸、金属等，提升产品的质感和艺术价值；注重工艺细节，如雕刻、刺绣、印刷等，通过精湛的手工艺展现产品的艺术魅力。四是把握好色彩与形式设计。运用和谐的色彩搭配，增强产品的视觉冲击力，同时传达特定的情感和文化氛围；打破传统形式，尝试新的设计形态，如立体结构、动态元素等，提升文创产品的艺术表现力。

5.加强文创产品的监管自律

博物馆建立健全文创产品的市场监管机制需要多方面的努力和配合。通过定期审查和评估、鼓励消费者参与评价和监督、确保文创产品的质量以及完善市场监管机制等措施，可以保障文创产品的质量和文化内涵，促进文创产业的健康发展。一方面，博物馆应建立健全文创产品的市场监管机制，对市场上的文创产品进行定期审查和评估。首先，明确审查标准。博物馆应制定详细的文创产品审查标准，涵盖产品质量、文化内涵、创意表达、材质选择等多个方面。这些标准应基于相关法律法规、行业标准以及消费者的期望和需求。其次，实施定期审查。定期对市场上的文创产品进行审查，确保其符合审查标准。审查可以包括抽样检测、实地考察、专家评审等方式，确保审查结果的客观性和准确性。最后，强化评估与反馈。对审查结果进行评估，形成评估报告，并及时向文创产品供应商反馈评估结果和改进建议。对于不符合标准的产品，应要求供应商进行整改或下架处理。另一方面，鼓励消费者参与文创产品的评价和监督，及时收集和处理消费者的反馈意见，确保文创产品的质量。第一，建立消费者评价系统。博物馆应建立文创产品消费者评价系统，鼓励消费者对文创产品进行客观、真实地评价。评价可以包括产品质量、使用体验、文化内涵等方面。第二，收集和处理消费者反馈。博物馆应积极收集消费者的反馈意见，包括投诉、建议等，并及时进行处理。对于消费者的合理诉求，应给予积极回应和解决。第三，引导消费者参与监督。博物馆可以邀请消费者代表参与文创产品的审查和监督工作，提高监督的透明度和公信力。同时，可以通过社交媒体、网络平台等渠道，公开文创产品的审查结果和消费者评价，接受社会监督。第四，加强质量监管。博物馆应加强对文创产品质量的监管，确保产品符合相关法律法规和行业标准。对于存在质量问题的产品，应及时进行下架处理，并追究供应商的责任。

附录

附录1

国务院办公厅转发文化部等部门关于推动文化文物单位文化创意产品开发若干意见的通知

(国办发〔2016〕36号)

各省、自治区、直辖市人民政府,国务院各部委、各直属机构:

　　文化部、国家发展改革委、财政部、国家文物局《关于推动文化文物单位文化创意产品开发的若干意见》已经国务院同意,现转发给你们,请结合实际,认真贯彻执行。

国务院办公厅
2016年5月11日

关于推动文化文物单位文化创意产品开发的若干意见

文化部　国家发展改革委　财政部　国家文物局

　　为深入发掘文化文物单位馆藏文化资源,发展文化创意产业,开发文化创意产品,弘扬中华优秀文化,传承中华文明,推进经济社会协调发展,提升国家软实力,根据《国务院关于进一步加强文物工作的指导意见》(国发〔2016〕17号)有关要求,现提出以下意见。

一、总体要求

文化文物单位主要包括各级各类博物馆、美术馆、图书馆、文化馆、群众艺术馆、纪念馆、非物质文化遗产保护中心及其他文博单位等掌握各种形式文化资源的单位。文化文物单位馆藏的各类文化资源，是中华民族五千多年文明发展进程中创造的博大精深灿烂文化的重要组成部分。

依托文化文物单位馆藏文化资源，开发各类文化创意产品，是推动中华文化创造性转化和创新性发展、使中国梦和社会主义核心价值观更加深入人心的重要途径，是推动中华文化走向世界、提升国家文化软实力的重要渠道，是丰富人民群众精神文化生活、满足多样化消费需求的重要手段，是增强文化文物单位服务能力、提升服务水平、丰富服务内容的必然要求，对推动优秀传统文化与当代文化相适应、与现代社会相协调，推陈出新、以文化人，具有重要意义。

推动文化创意产品开发，要始终把社会效益放在首位，实现社会效益和经济效益相统一；要在履行好公益服务职能、确保文化资源保护传承的前提下，调动文化文物单位积极性，加强文化资源系统梳理和合理开发利用；要鼓励和引导社会力量参与，促进优秀文化资源实现传承、传播和共享；要充分运用创意和科技手段，注意与产业发展相结合，推动文化资源与现代生产生活相融合，既传播文化，又发展产业、增加效益，实现文化价值和实用价值的有机统一。力争到2020年，逐步形成形式多样、特色鲜明、富有创意、竞争力强的文化创意产品体系，满足广大人民群众日益增长、不断升级和个性化的物质和精神文化需求。

二、主要任务

（一）充分调动文化文物单位积极性。具备条件的文化文物单位应结合自身情况，依托馆藏资源、形象品牌、陈列展览、主题活动和人才队伍等要素，积极稳妥推进文化创意产品开发，促进优秀文化资源的传承传播与合理利用。鼓励文化文物单位与社会力量深度合作，建立优势互补、互利共赢的合作机制，拓宽文化创意产品开发投资、设计制作和营销渠道，加强文化资源开放，促进资源、创意、市场共享。

（二）发挥各类市场主体作用。鼓励众创、众包、众扶、众筹，以创新创意为动力，以文化创意设计企业为主体，开发文化创意产品，打造文化创意品牌，为社会力量广泛参与研发、生产、经营等活动提供便利条件。鼓励企业通过限量复制、加盟制造、委托代理等形式参与文化创意产品开发。鼓励和引导社会资本投入文化创意产品开发，努力形成多渠道投入机制。

（三）加强文化资源梳理与共享。推进文化文物单位各类文化资源的系统梳理、分类整理和数字化进程，明确可供开发资源。用好用活第三次全国文物普查和第一次全国可移动文物普查数据。鼓励依托高新技术创新文化资源展示方式，提升体验性和互动性。支持数字文化、文化信息资源库建设，用好各类已有文化资源共建共享平台，面向社会提供知识产权许可服务，促进文化资源社会共享和深度发掘利用。

（四）提升文化创意产品开发水平。深入挖掘文化资源的价值内涵和文化元素，广泛应用多种载体和表现形式，开发艺术性和实用性有机统一、适应现代生活需求的文化创意产品，满足多样化消费需求。结合构建中小学生利用博物馆学习的长效机制，开发符合青少年群体特点和教育需求的文化创意产品。鼓励开发兼具文化内涵、科技含量、实用价值的数字创意产品。推动文化文物单位、文化创意设计机构、高等院校、职业学校等开展合作，提升文化创意产品设计开发水平。

（五）完善文化创意产品营销体系。创新文化创意产品营销推广理念、方式和渠道，促进线上线下融合。支持有条件的文化文物单位在保证公益服务的前提下，将自有空间用于文化创意产品展示、销售，鼓励有条件的单位在国内外旅游景点、重点商圈、交通枢纽等开设专卖店或代售点。综合运用各类电子商务平台，积极发展社交电商等网络营销新模式，提升文化创意产品网络营销水平，鼓励开展跨境电子商务。配合优秀文化遗产进乡村、进社区、进校园、进军营、进企业，加强文化创意产品开发和推广。鼓励结合陈列展览、主题活动、馆际交流等开展相关产品推广营销。积极探索文化创意产品的体验式营销。

（六）加强文化创意品牌建设和保护。促进文化文物单位、文化创意设计企业提升品牌培育意识以及知识产权创造、运用、保护和管理能力，积极培育拥有较高知名度和美誉度的文化创意品牌。依托重点文化文物单位，培育一批文化创意领军单位和产品品牌。建立健全品牌授权机制，扩大优秀品牌产品生产销售。

（七）促进文化创意产品开发的跨界融合。支持文化资源与创意设计、旅游等相关产业跨界融合，提升文化旅游产品和服务的设计水平，开发具有地域特色、民族风情、文化品位的旅游商品和纪念品。推动优秀文化资源与新型城镇化紧密结合，更多融入公共空间、公共设施、公共艺术的规划设计，丰富城乡文化内涵，优化社区人文环境，使城市、村镇成为历史底蕴厚重、时代特色鲜明、文化气息浓郁的人文空间。将文化创意产品开发作为推动革命老区、民族地区、边疆地区、贫困地区文化遗产保护和文化发展、扩大就业、促进社会进步的重要措施。鼓励依托优秀演艺、影视等资源开发文化创意产品，延伸相关产业链条。

三、支持政策和保障措施

（一）推动体制机制创新。鼓励具备条件的文化文物单位在确保公益目标、保护好国家文物、做强主业的前提下，依托馆藏资源，结合自身情况，采取合作、授权、独立开发等方式开展文化创意产品开发。逐步将文化创意产品开发纳入文化文物单位评估定级标准和绩效考核范围。文化文物事业单位要严格按照分类推进事业单位改革的政策规定，坚持"事企分开"的原则，将文化创意产品开发与公益服务分开，原则上以企业为主体参与市场竞争；其文化创意产品开发取得的事业收入、经营收入和其他收入等按规定纳入本单位预算统一管理，可用于加强公益文化服务、藏品征集、继续投入文化创意产品开发、对符合规定的人员予以绩效奖励等。国有文化文物单位应积极探索文化创意产品开发收益在相关权利人间的合理分配机制。促进国有和非国有文化文物单位之间在馆藏资源展览展示、文化创意产品开发等方面的交流合作。鼓励具备条件的非国有文化文物单位充分发掘文化资源开发文化创意产品，同等享受相关政策支持。

（二）稳步推进试点工作。按照试点先行、逐步推进的原则，在国家级、部分省级和副省级博物馆、美术馆、图书馆中开展开办符合发展宗旨、以满足民众文化消费需求为目的的经营性企业试点，在开发模式、收入分配和激励机制等方面进行探索。试点名单由文化部、国家文物局确定，或者由省级人民政府文化文物部门确定并报文化部、国家文物局备案。允许试点单位通过知识产权作价入股等方式投资设立企业，从事文化创意产品开发经营。试点单位具备相关知识和技能的人员在履行岗位职责、完成本职工作的前提下，经单位批准，可以兼职到本单位附属企业或合作设立的企业从事文化创意产品开发经营活动；涉及的干部人事管理、收入分配等问题，严格按照有关政策规定执行。参照激励科技人员创新创业的有关政策完善引导扶持激励机制。探索将试点单位绩效工资总量核定与文化创意产品开发业绩挂钩，文化创意产品开发取得明显成效的单位可适当增加绩效工资总量，并可在绩效工资总量中对在开发设计、经营管理等方面作出重要贡献的人员按规定予以奖励。

（三）落实完善支持政策。中央和地方各级财政通过现有资金渠道，进一步完善资金投入方式，加大对文化创意产品开发工作的支持力度。研究论证将符合条件的文化创意产品开发项目纳入专项建设基金支持范围。认真落实推进文化创意和设计服务与相关产业融合发展、发展对外文化贸易等扶持文化产业发展的税收政策，支持文化创意产品开发。将文化创意产品开发纳入文化产业投融资服务体系支持和服务范围。面向从事文化创意产品开发的企事业单位，培育若干骨干文化创意产品开发示范单位，加强引领示范，形成可向全行业推广的经验。将文化创意产品开发经营企业纳入各级文化产业示范基地评选范围。强化文化市场监管和执法，加大侵权惩处力度，创造良好市场环境。鼓励各级地方政府创新文化创意产品开发机制，用机制创新干事。

（四）加强支撑平台建设。发挥国家级文化文物单位和骨干企业作用，支持实施一批具有示范引领作用的项目，搭建面向全行业的产品开发、营销推广、版权交易等平台。支持有条件的地方和企事业单位建设文化创意产品开发生产园区基地。实施"互联网+中华文明"行动计划，遴选和培育一批"双创"空间，实施精品文物数字产品和精品展览数字产品推广项目。充分发挥重点文化产业、文物展会作用，促进优秀文化创意产品的展示推广和交易。规范和鼓励举办产品遴选推介、创意设计竞赛等活动，促进文化创意产品展示交易。借助海外中国文化中心、国际展览展示交易活动、文物进出境展览和交流等平台，促进优秀文化创意产品走出去。

（五）强化人才培养和扶持。以高端创意研发、经营管理、营销推广人才为重点，同旅游、教育结合起来，加强对文化创意产品开发经营人才的培养和扶持。将文化创意产品设计开发纳入各类文化文物人才扶持计划支持范围。文化文物单位和文化创意产品开发经营企业要积极参与各级各类学校相关专业人才培养，探索现代学徒制、产学研结合等人才培养模式，并为学生实习提供岗位，提高人才培养的针对性和适用性。通过馆校结合、馆企合作等方式大力培养文化文物单位的文化创意产品开发、经营人才。支持文化文物单位建设兼具文化文物素养和经营管理、设计开发能力的人才团队，并通过多种形式引进优秀专业人才，进一步畅通国有和民营、事业单位和企业之间人才流动渠道。鼓励开展中外文化创意产品设计开发、经营管理人才交流与合作，定期开展海外研习活动。

（六）加强组织实施。地方各级文化、发展改革、财政、文物等部门要按照本意见的要求，根据本地区实际情况，加强对推动文化创意产品开发工作的组织实施，做好宣传解读和相关统计监测工作。部门间、地区间要协同联动，确保各项任务措施落到实处。注意加强规范引导，因地制宜，突出特色，科学论证，确保质量，防止一哄而上、盲目发展。强化开发过程中的文物保护和资产管理，制定严格规程，健全财务制度，防止破坏文物，杜绝文物和其他国有资产流失。充分发挥各级各类行业协会、中介组织、研究机构等在行业研究、标准制定、交流合作等方面的作用。

附录 2

关于印发《关于进一步推动文化文物单位文化创意产品开发的若干措施》的通知

(文旅资源发〔2021〕85 号)

各省、自治区、直辖市及计划单列市人民政府,新疆生产建设兵团,国务院有关部门:

《关于进一步推动文化文物单位文化创意产品开发的若干措施》已经国务院同意,现印发给你们,请认真贯彻执行。

文化和旅游部

中央宣传部

国家发展改革委

财政部

人力资源社会保障部

市场监管总局

国家文物局

国家知识产权局

2021 年 8 月 17 日

关于进一步推动文化文物单位文化创意产品开发的若干措施

依托文化文物单位馆藏文化资源加强文化创意产品开发工作，有利于推动中华优秀传统文化创造性转化、创新性发展，有利于培育和弘扬社会主义核心价值观，有利于社会主义文化强国建设。《国务院办公厅转发文化部等部门关于推动文化文物单位文化创意产品开发若干意见的通知》（国办发〔2016〕36号）印发以来，文化文物单位按照要求推动文化创意产品开发，取得了一定成绩，但也面临试点政策落实没有完全到位、激励机制有待完善等问题。为深入贯彻落实习近平总书记关于繁荣发展文化事业和文化产业的重要指示精神，进一步推动文化文物单位文化创意产品开发，经国务院同意，提出以下工作措施。

一、把握正确导向

坚持以社会主义核心价值观为引领，保护传承弘扬中华优秀传统文化、革命文化和社会主义先进文化，深入挖掘文化文物资源的精神内涵，使文化创意产品成为广大人民群众感悟中华文化、增强文化自信的重要载体。坚持把社会效益放在首位、实现社会效益和经济效益相统一，鼓励开发兼具艺术性和实用性、适应现代生活需要、符合市场消费需求的文化创意产品。坚持文旅融合发展，以文塑旅、以旅彰文，促进文化创意产品消费。坚持保护为先，合理利用文化文物资源，避免过度商业化、娱乐化。革命历史类文化创意产品要以历史事实为基础，反对历史虚无主义。

二、推进先行先试

（一）落实试点政策。在坚持"事企分开"原则基础上，文化和旅游部、国家文物局确定或备案的试点单位可通过知识产权作价入股等方式投资设立从事文化创意产品开发的企业，并按要求将企业国有资本纳入党政机关、事业单位经营性国有资产集中统一监管体系。各地区、各有关部门要支持试点单位按照相关程序设立企业，鼓励多家试点单位联合与社会资本合作设立企业。各级文化和旅游、财政、人力资源社会保障、市场监管、文物等部门要加强跨部门协同，积极研究、推进解决试点单位投资设立企业过程中遇到的障碍和困难，推动构建科学有效的容错纠错机制，鼓励试点单位积极作为、先行先试。

（二）创新开发方式。鼓励试点单位结合自身情况，采取合作、授权等方式，引入竞争机制，吸引社会力量参与文化创意产品研发、生产、经营等。推动试点单位与文化创意设计机构、科研单位、高等院校等开展合作，支持试点单位与职业学校合作建立实训基地，提升文化创意产品开发经营水平。试点单位要加强对文化创意产品开发经营的管理，慎重选择合作单位，积极稳妥推进工作。

（三）优化试点管理。建立试点单位文化创意产品开发工作成效评估机制，定期公布评估结果，并根据评估结果对试点单位实行"有进有出"的动态管理。在评估基础上，适时、有序将试点范围扩大至馆藏资源较为丰富、管理制度较为完备的地市级以上博物馆、美术馆、图书馆、文化馆。

三、健全收入分配机制

（一）规范收入管理。按照事业单位相关财务规定，文化文物单位文化创意产品开发取得的事业收入、经营收入和其他收入等纳入本单位预算统一管理。鼓励各地区出台实施细则,确保文化文物单位文化创意产品开发收入用于加强公益文化服务、藏品征集、继续投入文化创意产品开发等,内部分配时向作出突出贡献的人员予以倾斜。

(二)合理确定绩效工资总量。贯彻执行事业单位工作人员收入分配有关制度,推动将文化文物单位绩效工资总量核定与文化创意产品开发业绩挂钩,合理确定绩效工资总量。文化和旅游、文物行政部门会同财政、人力资源社会保障等部门,组织对本级试点单位上一年度文化创意产品开发情况进行评估,评估结果要作为核定试点单位绩效工资总量的重要依据。

(三)落实奖励措施。落实事业单位工作人员奖励有关规定,按照奖励范围、条件、种类、比例(名额)、程序和纪律要求,对符合奖励条件的文化创意产品开发、经营管理人员进行奖励。充分发挥奖励制度的正向激励作用,合理运用一次性奖金等方式,着力调动文化文物单位文化创意产品开发经营人员的积极性和创造性。经批准发放的奖励不计入所在单位绩效工资总量。

四、用好税收优惠政策

积极引导符合条件的相关企业用足用好支持科技创新、改制重组和小微企业普惠性税收减免等优惠政策。对经认定为高新技术企业的文化创意和设计服务企业,按规定减按 15% 的税率征收企业所得税。落实研究开发费用税前加计扣除有关政策,企业为获得创新性、创意性、突破性产品进行创意设计活动而发生的相关费用,可按照规定进行税前加计扣除。落实事业单位转制为企业有关税收政策,经营性文化事业单位转制为企业,符合条件的自转制注册之日起 5 年内免征企业所得税。

五、增强文化创意产品开发主体活力

（一）加强市场主体培育扶持。建立完善全国文化和旅游创意产品开发信息名录，为创意设计机构、制造类企业、金融投资机构、渠道平台类企业等畅通信息渠道，培育一批文化创意产品开发示范单位。鼓励各级各类博物馆、美术馆、图书馆、文化馆、群众艺术馆、纪念馆、科技馆、非物质文化遗产保护中心、艺术院团及其他文化文物单位开展文化创意产品开发。

（二）搭建展示推广和交易平台。制定文化文物资源数据化采集行业标准，推动文化文物单位数据资源互联互通。支持文化创意产品开发行业组织发展，促进市场主体资源共享、渠道共用，联合打造具有社会影响力的文化创意产品品牌体系。充分利用各类行业展会、商品博览会等平台，展示推介优秀文化创意产品。鼓励搭建面向全社会的产品开发、营销推广、版权交易等平台，营造开放公平的市场环境。支持文化文物单位通过在电子商务平台开办旗舰店、进行网络直播等形式开展优秀文化创意产品营销。

（三）提升文化创意产品开发科技应用水平。坚持创新驱动，鼓励开发数字文化创意产品。培育一批创新型装备研发和生产服务企业，加强文化创意内容和技术装备协同创新。加强大数据、物联网、人工智能等技术在文化创意产品开发领域的应用，促进创新链和产业链紧密衔接。支持文化文物单位创新利用虚拟现实、增强现实、全息成像、裸眼三维图形显示（裸眼3D）、交互娱乐引擎开发、文化资源数字化处理、互动影视等技术，增强文化创意产品的文化承载力、展现力和传播力。

（四）推动旅游商品提质升级。坚持问题导向，实施旅游商品创意提升行动，依托文化、提升品质、引导消费。推动将旅游商品质量保障、文化特色等要求纳入高等级旅游景区、旅游度假区评定标准内容和乡村旅游重点村镇等遴选条件。深入推进"创意进景区""创意下乡"工作，以创意设计提升旅游商品价值。鼓励开展品牌化经营，培育一批品质过硬、设计精良、市场认可的旅游商品自主品牌，加强金融、人才、宣传等政策扶持。组织开展全国文化和旅游创意产品推进活动，集中展示、宣传推介优秀旅游商品和品牌，对接市场需求，促进旅游消费提质升级。

六、提升知识产权评估管理水平

文化文物单位对用于投资设立文化创意产品开发企业、对外授权合作开发文化创意产品的知识产权要进行专门评估、规范管理，原则上应由第三方专业资产评估机构进行评估，合理确定知识产权价值。文化文物单位要做好知识产权登记管理相关工作，根据实际情况制定知识产权授权费用标准，在文化创意产品开发合作项目中进行合理协商议价。鼓励文化文物单位采用公开招标方式确定合作方。

各地区、各有关部门要高度重视文化文物单位文化创意产品开发工作，加强组织领导，完善工作机制，明确责任分工，健全评估体系，结合实际进一步完善出台支持文化文物单位文化创意产品开发的配套政策举措，扎实推动各项工作落实。

附录 3

博物馆馆藏资源著作权、商标权和品牌授权操作指引

（试行）

第1章 总则

1.1 制订目的

坚持以习近平新时代中国特色社会主义思想为指导，深入贯彻落实中共中央办公厅、国务院办公厅《关于加强文物保护利用改革的若干意见》、国务院《关于进一步加强文物工作的指导意见》、国务院办公厅转发《关于推动文化文物单位文化创意产品开发的若干意见》，激发博物馆创新活力，盘活用好博物馆馆藏文物资源，推动博物馆逐步开放共享文物资源信息，切实解决制约博物馆文化创意产品开发工作中馆藏资源授权的制度瓶颈。

切实增强中华优秀传统文化的生命力、影响力，更好促进经济社会发展，不断满足人民群众日益增长的美好生活需要。

加强文物保护利用和文化遗产保护传承，指导各地博物馆提高馆藏资源著作权、商标权和品牌开发和活化利用能力，完善体制机制，激发博物馆运行活力，特制订本指引。

本指引为推荐性规范，指引及后附的协议范本供博物馆开展有关工作参考使用。

本指引主要针对博物馆馆藏资源著作权、商标权和品牌涉及商业使用的授权进行指导；用于公益性展示、教育、研究、交流用途的授权，参考本指引。

1.2 制订依据

《中华人民共和国文物保护法》《中华人民共和国著作权法》《中华人民共和国商标法》《中华人民共和国合同法》《中华人民共和国网络安全法》《中华人民共和国著作权法实施条例》《博物馆条例》《博物馆管理办法》和《文物拍摄管理暂行办法》《文物复制拓印管理办法》等法律规定与政策文件。

1.3 适用范围

本指引适用于全国各级各类国有和非国有博物馆开展馆藏资源著作权、商标权和品牌授权的具体工作。

本指引属于非强制性规定，博物馆可根据自身情况进行参考。

其他文物保护单位可参考本指引开展授权管理工作。

1.4 授权原则

博物馆开展授权工作，是新时代博物馆公共文化服务、科研和教育等基本功能的衍生与发展，是适应中华优秀传统文化创造性转化和创新性发展的需要。博物馆开展馆藏资源著作权、商标权和品牌授权管理工作，应当坚持把社会效益放在首位、社会效益和经济效益相统一的原则，加强文物保护利用和文化遗产保护传承，充分利用市场规律和各项政策，不断激发博物馆的活力，推动文化事业和文化产业发展。

1.5 术语与定义

博物馆是指以教育、研究和欣赏为目的，收藏、保护并向公众展示人类活动和自然环境的见证物，经登记管理机关依法登记的非营利组织。博物馆包括国有博物馆和非国有博物馆。

馆藏资源是指博物馆登记备案的所收藏、管理、保护的不可移动和可移动文物、艺术品等，以及在此基础上二次加工得到的，以语言、文字、声像等不同形式记载的藏品状态、变化特征及其与客观环境之间的联系特征等藏品本身蕴含的原始信息，或者经过加工处理并通过各种载体表现出来的信息，包括与之相关的文件、资料、数据、图像、视频等信息资源，包括实物和数字化信息。

馆藏资源著作权是指博物馆馆藏资源构成作品而依法产生的专有权利，其中包括：属于馆藏资源的作品，该作品仍处于著作权保护期内、且博物馆通过著作权人授权或者法定许可而获得的著作权；博物馆对馆藏资源以摄影、录像等方式进行再次创作而获得的作品的著作权。

馆藏资源商标权是指博物馆用名称全称、简称及其标志图形，馆藏资源的名称及其他具备商标构成要素的元素等，通过商标申请注册而获得的专有使用权利。商标是品牌或品牌的一部分，必须在政府指定部门进行注册后成为"注册商标"，才能获得商标专用权。商标权是品牌价值的重要组成部分。

馆藏资源品牌是指社会公众对博物馆在服务、产品开发、文化传播等方面所创造价值的认知，是为博物馆产生增值、带来溢价的无形资产，其载体包括博物馆的名称、相关标记、符号或图案等。

直接授权是指博物馆将馆藏资源著作权、商标权和品牌可用于商业使用的权利直接授予给被授权方，被授权方按照双方签订的合同在限定的时间和区域范围内将获得的权利应用于经营活动，博物馆向被授权方收取许可费。

委托授权是指博物馆通过第三方委托代理机构与被授权方接洽，由第三方代理机构代表博物馆作为授权方，将博物馆馆藏资源直接或经过一定的设计加工后，授权给被授权方。被授权方依照合同约定向第三方代理机构支付许可费或不断反馈收益，第三方代理机构依照与博物馆之间的约定，向博物馆支付相应的许可费及其他相应收益。

标的是指博物馆与被授权方之间通过合同明确约定的所授馆藏资源著作权、商标权和品牌的权利义务关系。

独占许可是指博物馆与被授权方通过合同约定，只有被授权方可以在约定的时间和地域范围内，针对某些特定品类产品，通过约定的方式，使用授权标的，博物馆和其他任何第三方均不得使用。

排他许可是指博物馆与被授权方通过合同约定，除被授权方以外，博物馆不得另行授权第三方在合同约定的时间和地域范围内，针对某些特定品类产品，以合同约定的方式，使用授权标的，但博物馆自身保留使用权。

普通许可是指博物馆许可被授权方使用授权标的，同时保留许可第三方使用授权标的的权利，即博物馆既可以自行使用，也可以授权多个被授权方使用。

许可费是指博物馆向被授权方授权使用其馆藏资源著作权、商标权和品牌时收取的费用。许可费可以是固定金额，也可以是按约定比例所获得的商业开发利益分成，或保底金额加超出部分分成的方式，以及双方约定的其他方式。

第2章 授权内容

2.1 著作权授权

博物馆馆藏资源的著作权权利有：发行权、出租权、展览权、表演权、放映权、广播权、信息网络传播权、摄制权、改编权、翻译权、汇编权等。

博物馆馆藏资源著作权可体现在具有再次创作特征的数字信息资源上。数字信息资源包括以数字化处理的博物馆藏品和博物馆建筑的文字介绍、图像、视频、三维模型等，以及对博物馆藏品的文化内涵、与藏品相关的文化背景、博物馆的文化内容，进行深度发掘和梳理的一切资料的数字化资源。博物馆可以将具有再次创作特征的数字信息资源的著作权对外授权，获得相关收益。

博物馆数字信息资源的商业使用包括但不限于：
作为书籍、期刊、画册等出版物的内容出版；
各类网站及自媒体的内容传播；
影视、动漫、游戏及视频开发；
各种程度和形式的仿制品的设计与开发；
各类文化创意产品及其他衍生品的设计与开发。

2.2 商标权授权

博物馆的名称全称、简称及其标志图形，馆藏资源的名称及元素等，具备商标构成要素的，可以申请注册为商标。博物馆注册的商标可以是文字、图形、字母、数字、三维标志、颜色组合和声音，以及上述要素的组合。

博物馆商标权授权的商业用途包括：
各类衍生品及其他产品或服务的外观设计与包装设计；
推销上述商品或服务的广告、宣传页、海报的用语与设计；

各类展示及相关文化交流活动的冠名与推广。

2.3 品牌授权

品牌授权是对博物馆的名称、相关标记、符号或图案等载体的无形资产进行的授权，及以博物馆的社会知名度和文化效应为标的的合作。

博物馆品牌授权的商业用途包括：

各类衍生品及其他产品或服务的外观设计与包装设计；

推销上述商品或服务的广告、宣传页、海报的用语与设计；

各类展示及相关文化交流活动的冠名与推广。

2.4 其他授权

博物馆所收藏、管理和保护的现代书画作品、摄影作品及工艺美术品等，其著作权仍在保护期内的，博物馆应在征得著作权人同意并获得相应的授权后，才可开展相关授权工作。

第3章 授权模式

3.1 直接授权和委托授权

授权分为直接授权和委托授权。

博物馆综合评估自身馆藏资源、品牌价值、管理运营水平等实际情况，适当选择直接授权、委托授权等方式，进行馆藏资源著作权、商标权和品牌的授权，维护自身权益。

3.1.1 直接授权

规模较大、馆藏资源较为丰富、管理体系较为成熟的博物馆，推荐采用直接授权模式，将馆藏资源著作权、商标权和品牌直接授权给被授权方，获取收益。

博物馆使用直接授权方式，有利于主导与被授权方达成签约，有利于保护自身利益。

博物馆需要直接负责授权的接洽、谈判、签约和授权后的指导、监督、管理、图库开发及更新、被授权方打样产品的审核等各项工作。鼓励有条件的博物馆可以成立专门的授权合作部门，负责授权合作的各项工作，明确职责，指定人员，并与相应的法务部门或合作律师共同对各个环节进行监控，防止法律风险。

3.1.2 委托授权

博物馆可采用委托授权模式，通过委托第三方代理机构，进行馆藏资源与品牌的授权工作，获取收益。

在委托授权模式下，博物馆无需直接与被授权方接洽、谈判、拟定授权合同、监督合同的执行等工作，降低了博物馆开展授权工作的难度。但应当做好馆藏资源的梳理，向第三方代理机构明确授权标的、范围、使用方式以及对被授权方资质的要求等。

委托授权模式对博物馆而言存在一定风险。博物馆若采用该模式，需要签订严谨的合同，同时在博物馆自身要有相应的内部控制流程，确保被委托人能够保护博物馆的利益和资源。

3.2 独占许可、排他许可和普通许可

博物馆应综合评估授权标的商业价值、使用范围、经营方式等情况，相应选择独占许可、排他许可和普通许可等方式，开展馆藏资源著作权、商标权和品牌授权。

3.2.1 独占许可

独占许可是指只有被许可人使用特定著作权、商标权和品牌的授权，许可人（博物馆）和其他任何第三方都不能再使用相关授权。

一方面，因为是独占，意味着被许可人必须支付更多的对价，博物馆在单次交易中有可能获得较高的经济收益。另一方

面，以独占许可方式开展授权的馆藏资源著作权、商标权和品牌，博物馆自身同任何第三方一样，在合同约定期限内也不得使用。因此博物馆对此类授权应十分慎重，对被授权方的资质、实力和能力及开发利用授权标的的方式、授权期限等，应严格考察审核，同时要对授权标的开发利用过程进行严格的监督管理，以防止授权标的被滥用或闲置。因此，只有在很少数的情况下，才建议采用独占许可模式，并取决于时间、地域等其他许可因素，由博物馆综合考虑。

建议独占许可的情况下，被授权许可方要给与授权方固定的许可使用费。

3.2.2 排他许可

排他许可是指只有被许可人和许可人可以使用特定著作权、商标权和品牌的授权，其他任何第三方都不能再使用相关授权，即许可人（博物馆）不能再和第三方签订许可协议，但是博物馆自己可以组织力量开发和使用。

在排他许可中，博物馆依然可以自由使用授权标的，但不能在授权期限内再对任何第三方再次授权。排他许可需选择具有影响力和经济实力的被授权方，并对生产的产品和服务进行监督和控制。

因此，只有在很少数的情况下才建议采用排他许可模式，并取决于时间、地域等其他许可因素，由博物馆综合考虑。

3.2.3 普通许可

普通许可是博物馆开展商业授权的常见方式，进行普通许可的授权标的，博物馆不仅保留自身的使用权，同时可将该授权标的授权第三方，不受时间、地域、使用方式限制使用授权标的。

对于开发利用成本较低且方式多样或可直接使用的馆藏资源，博物馆可选择普通许可方式开展授权工作。

同时，因博物馆目前的公益属性，使用财政资金形成的馆藏资源著作权、商标权和品牌，建议优先使用普通许可。

3.3 授权期限

短期授权一般为 3～6 个月，主要针对一次性授权等。长期授权期限通常为 1～3 年。如有市场需求，可延长授权期限。

第 4 章 授权流程（以直接授权为例）

4.1 明确可授权的内容

博物馆根据自身馆藏资源与创新创意工作开展的实际情况，明确可直接用于授权的馆藏资源著作权、商标权和品牌，并对具有商业价值的馆藏资源著作权、商标权和品牌进行整理和设计，形成可授权的内容体系。

委托授权的相关流程在附件协议模板中有相关描述。

4.2 发布授权合作信息

博物馆明确授权合作的方向和具体的方案，对外发布公开征集合作对象的信息，在征集信息中要明确对合作对象的最低要求及合作相关信息。

利用馆藏资源授权开发的产品可包括：

（1）文物仿制品：是指以馆藏资源为原型，采用不同比例、大小、材质的仿制品。

（2）文物艺术创作品：是指以馆藏资源为素材，从材质、纹饰、色彩等多个方面进行艺术加工创作而成的产品。

（3）纪念品：是指以馆藏资源为素材，进行设计、开发、制作的具有一定的实用性、观赏性、纪念性，且有助于文化推广的产品。

（4）生活用品：是指以馆藏资源为素材，进行设计开发的集创意、艺术性和生活实用性于一体的产品；作为博物馆文创产品开发的重要方向，是博物馆融入社会生活、发挥教育意义的重要手段。

（5）出版物：指以馆藏资源为基础内容，出版的相关影像、图像、宣传海报、书籍等。

（6）其他：以上类型未涵盖的其他以馆藏资源开发而成的产品或服务方式。

4.3 选择合适的被授权方

被授权方必须是依法登记设立，并从事与博物馆授权产品相关活动的企业或团体。被授权方应向博物馆提交企业法人或社会团体的证明文件、具备实体经营能力的相关证明及商标注册证明等。

博物馆在对被授权方进行选择时，应考虑其业务范围、规模实力、品牌文化、形象信誉、销售渠道、有无相关经验等因素，优先选择业务范围与博物馆授权标的具有强相关性，且具有一定规模和效益、品牌特色明显、形象信誉较好的合作对象。为达成与国际知名品牌厂商及知名设计团队与博物馆合作，其资格条件、销售渠道、设计创意等经博物馆主管部门审核后，对其所收取的授权金额度可由博物馆自行商议决定是否给予优惠。

4.4 合作洽谈

经过初步的选择，博物馆可与被授权方对具体授权事宜进行合作洽谈。洽谈内容主要包括：

授权标的的内容；

具体授权方式；

许可费数额及支付方式；

授权期限；

双方的权利义务；

授权标的的使用方式及地域范围；

授权产品的设计、生产和销售；

产权归属等。

4.4.1 授权费用及支付方式

应明确约定授权费用的总额及支付方式。博物馆可根据实际情况制定授权费用标准体系，对于单一馆藏资源的图片、视频、数字模型等可制定统一的授权费用标准；对于商业价值较高的标的，其授权费用可采用一次性授权费用或基本费用加销售分成的方式，根据具体授权项目由双方共同商定。可以按周、月度、季度、半年或一年为周期进行结算和支付，并且应当提供简明、确凿的查证方法。同时应明确被授权方的付款方式（支票或银行汇票等）以及汇款单位的详细地址。被授权方如有其他非金钱上的额外回馈条件（须与本次授权有关），可另行与博物馆商议，并在签订协议中明示。

4.4.2 产权归属

应重点约定以授权标的为基础所创造的新的著作权、商标权和品牌等产权的归属。合同未有约定或约定不明的，产权依照法律归创作者所有。合作作品、委托作品类型复杂、合同未有约定或约定不明的，依照法律确立产权归属。

4.5 签订合同

与被授权方协商一致后，博物馆需订立授权合同以明确双方的权利及义务。授权合同的内容一般包含：

授权标的的名称、数量及其承载的权利类型，被授权权利的类型及使用范围，授权标的被授权的时间、地域限定，授权双方所享有的权利和承担的义务，对授权产品开发成本和定价、销售渠道或使用方式，对授权产品的设计权、版权的约定，出现违反合同内容的处置等。

4.5.1 授权标的

授权合同应明确约定所授馆藏资源著作权、商标权和品牌的名称、数量、载体形式及权利类别，特别要标注是否包括名称的中英文、汉语拼音及缩写。

4.5.2 授权范围及使用方式

明确约定被授权方享有该授权标的的全部权利或部分权利，在约定范围以约定方式使用授权标的（使用方式见合同版本第2条中的内容）。

4.5.3 授权性质

明确约定授权性质为独占授权、排他授权或普通授权，不同性质的授权，许可费标准不同。

4.5.4 授权期限

明确约定被授权方使用授权标的的时间期限，以及到期后续约的形式。

4.5.5 争议处理方式

一般建议选择仲裁机构或博物馆所在地法院解决争议。

4.6 跟踪反馈与监督管理和保密

在被授权方对授权标的进行开发利用，并销售相关产品或服务的过程中，博物馆应及时掌握授权产品的相关动态，监督授权标的在生产流通环节是否严格按照合同约定执行，必要时给予相应的指导与帮助（保密约定具体见合同版本中相关内容）。

4.7 授权档案管理与纠纷解决

在整个馆藏资源与品牌授权的过程中，博物馆应妥善处理、保管与授权相关的文字、图像、音视频等材料，并做好归档，以便日后的整理与查阅等工作。

博物馆在发现自身权利受到侵害时，要第一时间收集并保存证据，通过行政举报、调解、仲裁或诉讼的方式主张并维护自身权益。

授权纠纷主要包括合同纠纷和侵权纠纷两部分。纠纷可通过调解或仲裁方式解决，纠纷双方可通过协商约定一方或双方让步，消除其间存在的争议。

在许可合同中，博物馆可以要求被许可人举报市场上的侵权产品。

第三方机构委托授权流程参照此办理。

第5章 权利与义务

5.1 权利与义务

博物馆馆藏资源具有极重要的公共属性，被授权方在对博物馆馆藏资源著作权、商标权和品牌进行使用和开发时，应自行负担设计开发产品所需的成本费用，并且不得损害民族精神与社会公共利益。

为确保授权标的被合理使用，博物馆拥有对所授权利的使用与开发过程进行审核与监督的义务，并享有从开发成果中获得经济和社会效益的权利。

5.2 质量控制

被授权方承诺按博物馆提供的书面设计要求使用博物馆的馆藏资源，并承诺设计制作的产品：

（1）在设计、用材和工艺方面均具有优良的质量。

（2）具有安全性、无伤害性，并能达到博物馆的预期目标。

（3）设计与制作的产品要与博物馆的声誉保持一致。

（4）在使用博物馆的商标时，被授权方须以明显易辨的方式，在设计的产品或其包装上（产品本身、包装、容器、说明书等）标示博物馆的完整注册商标，并遵循博物馆对其商标使用的规范要求。

（5）被授权方的产品应于包装或说明书上介绍该产品是由博物馆的何种馆藏资源设计而来，并对该馆藏资源进行简要的介绍。

（6）被授权方所开发的产品宣传材料应于媒体发布前一个月提交博物馆备查。

（7）所开发产品涉及食品的，应符合生产、销售国家和地区的食品卫生标准。

5.3 产权确权及归属

许可使用过程中，如发生被许可人添附产权的情况，应当明确约定如何确认其权利及归属。

5.4 违约行为及其相关责任

由于馆藏资源著作权、商标权和品牌的授权涉及公共利益、历史传承、青少年教育等诸多问题，在授权过程中应明确规定被授权方违约行为的处理办法及其相关责任。

博物馆馆藏资源著作权、商标权和品牌授权合同

(直接授权范例)

甲方：博物馆　　　　　乙方：
法定代表人：　　　　　法定代表人：
联系人：　　　　　　　联系人：
电话：　　　　　　　　电话：
地址：　　　　　　　　地址：

甲乙双方在平等、自愿、诚实、信用的原则下，经友好协商，根据《中华人民共和国合同法》《中华人民共和国商标法》《中华人民共和国著作权法》等法律法规及国家有关规定，就甲方委托乙方开展甲方馆藏资源著作权、商标权和品牌授权相关事宜，订立合同如下。

一、授权内容

1.1 应乙方要求，甲方同意将附表所列的口文字／口图片／口音频／口视频／口数据，向乙方提供，授权乙方使用。授权馆藏资源的名称、数量、存储形式等详见附表（说明授权使用的馆藏资源是否包括其中文文字及缩写、英文文字及缩写、汉语拼音等使人能够与授权使用的名称联系的表达方式，并将这些内容在所列的授权清单中明确）。

1.2 乙方对甲方所提供馆藏资源著作权、商标权和品牌相关资料须妥善保管，并根据本合同进行复制和使用，未经甲方许可，不得交于或再许可其他方使用。当本合同终止，被授权方应根据甲方要求归还或删除所持有的所有资源。

二、授权使用方式

2.1 甲方授权乙方按照下列方式使用本合同所约定馆藏资源：

☐图书、报纸、期刊出版；

☐网站及自媒体内容创作与传播；

☐远程课程制作；

☐影视、动漫、游戏及视频开发；

☐馆藏资源仿真复制品开发；

☐文化创意产品及其他衍生品的设计与开发；

☐其他。

2.2 乙方可将本合同约定的馆藏资源著作权、商标权和品牌用于上述使用方式中产品的包装设计和宣传推广。

2.3 除上述方式外，乙方不得以其他任何方式使用本合同约定的馆藏资源著作权、商标权和品牌。未经甲方书面同意，乙方不得将馆藏资源（含馆藏资源的名称、内容和形象等）申请商标。

三、授权性质

本授权为☐独占许可/☐排他许可/☐普通许可，在本合同有效期内，甲方☐可/☐不得以相同方式使用所授权馆藏资源著作权、商标权和品牌，☐可/☐不得授权第三方以相同方式使用所授权馆藏资源著作权、商标权和品牌。建议在合同中将选定的许可使用方式按照指引中的内容进行定义、描述。

四、授权范围与期限

4.1 甲方同意乙方在☐中国大陆/☐中国香港/☐中国澳门/☐中国台湾/☐其他国家和地区使用本合同所约定馆藏资源著作权、商标权和品牌，设计开发相关产品。

4.2 甲方同意乙方自__年__月__日起，至__年__月__日止，使用本合同所约定馆藏资源著作权、商标权和品牌，授权到期后，乙方不得继续使用，并由双方约定已开发生产出的授权产品如何处置。

五、授权使用费用

5.1 本次授权费用采用以下支付方式：

☐一次性付费方式，总额为__元（大写:__）

☐保底金＋产品销售分成的方式，保底金__元（大写:__），分成比例为产品批发价总额的 %。

5.2 上述乙方向甲方支付的授权费为含税金额，甲方自行承担相关税费。

5.3 上述授权费用

☐由乙方于__年__月__日前一次性支付给甲方。

☐由乙方于__年__月__日前支付保底金，于☐每季度/☐每年度最后一个工作日之前支付销售分成。

5.4 乙方将上述费用以人民币形式汇至甲方银行账户：

账户名称：

账号：

开户行：

5.5 若乙方迟延付款，每迟延超过一个月，甲方将按所迟延付款额 1.5% 的比例收取滞纳金，且按月累加计算滞纳金。如果迟延付款时间未超过一个月，仍按照一个月的标准来计算迟延支付的滞纳金。

六、授权产品

本协议中"授权产品"特指乙方利用甲方授权使用的馆藏资源著作权、商标权和品牌开发的所有实物、虚拟、文字、图形等各种形式的产品及其附属于该产品的包装物、宣传材料等。

6.1 乙方依托甲方授权馆藏资源著作权、商标权和品牌设计开发的产品，不得违反相关法律法规，不得损害公共利益，亦不得损害原著作权人的合法权益。授权产品正式投产前乙方须将至少一件样品实物与照片提交甲方审核并书面批准。

6.2 上述产品的上市期不迟于__年__月__日，否则甲方有权解除本合同。甲方因此解除本合同的，甲方不承担本合同项下的任何义务，且不因此免除乙方按照本合同 11.2 条所承担的违约责任。

6.3 自授权期限届满之日起__天为乙方的清货期，即乙方可以继续销售库存授权产品，但不得继续生产授权产品及其包装、辅助资料和广告宣传品等。若本合同提前终止，则没有清货期，即从合同终止之日起再不得销售、转让授权产品。剩余授权产品在甲方监督下销毁或另行协商处置。

七、产权约定

7.1 所有与本合同约定的产权，均归甲方所有。

7.2 在授权期限内用于与授权产品自身及其包装、宣传品及展览材料有关的所有创作（包括但不限于设计图稿、素材、设计元素等）产生的著作权均归甲方所有。乙方应在创作完成时，将与创作作品产权有关的文件、资料等提交给甲方。

7.3 乙方应根据甲方的要求，以适当的方式在授权产品及其包装、宣传资料等标明产权相关信息。

八、保密条款

本合同签订方在授权期限之内及之后三年内，对本合同内容及在履行本合同过程中获知的对方未披露的经营数据、信息、情况进行保密。但本条款不适用于已公开的信息和资料，或根据法庭判决或适用法律、法规或规则之规定要求披露的信息。

九、承诺与保证

9.1 甲乙双方均承诺并保证有能力及权利签订及履行本合同。

9.2 甲方承诺并保证本合同的授权不会侵害第三方的版权或其他合法权利。

9.3 乙方保证所有由乙方提供的与授权产品相关的设计、材料、著作权、商标权和品牌，都是乙方自己的创意及原创，或乙方已获得合法授权。

9.4 授权产品的设计、生产、宣传、销售,都须符合相关法律法规与国家标准,消费者可以安全使用此授权产品。

十、违约条款

10.1 如果因乙方存在违反本合同的行为,包括违反本合同列明的义务、承诺或因授权产品的质量存在问题,给甲方或其员工造成损失(包括遭受索赔、被判令赔偿、误工损失、律师费用、诉讼成本支出等),乙方应予以全部承担。

10.2 如果甲方存在违反本合同的违约行为,给乙方或其员工造成损失(包括遭受索赔、被判令赔偿、误工损失、律师费用、诉讼成本支出等),甲方应予以全部承担。

十一、违约责任

11.1 除本合同另有约定外,任一方违反本合同约定,经对方书面通知后 30 日内仍未予以纠正或充分弥补的,遭受违约的一方有权追究违约方的违约责任,并要求违约方赔偿损失。

11.2 乙方有下列情形之一的,甲方将有权终止本合同,并有权要求乙方立即支付本合同中到期应支付的和将来需要支付的授权费、滞纳金及违约金:

(1)乙方未能生产或销售授权产品,或未能积极地生产、宣传或销售授权产品;

(2)授权产品给消费者的安全带来威胁,或因产品质量或安全问题而被有关部门处罚,或因产品质量或安全问题而受到负面报道时,在甲方的要求下,乙方应立即从市场上召回这些产品,并根据甲方的合理要求采取相应的措施;

(3)未经甲方事先书面同意,乙方在授权区域以外生产、许诺销售或实际销售授权产品,或以分销授权产品为目的在区域外建立分支机构、销售公司、生产工厂或仓库;

(4)乙方向第三方出售或处理所有或较大占比的业务或财

产，或乙方公司的控制权被转让且经营管理权也随之发生变更；

（5）乙方未按合同支付费用超过3个月的。

十二、协议终止

任何一方因法令或其他不可抗力因素不能履行本合同约定的义务，且该情况持续3个月或以上时，任何一方有权在该情况持续期间内提出终止合同。已产生的相关费用双方协商解决。

十三、争议解决

因本合同订立和履行所发生的任何争议，双方通过协商友好解决；协商不成的，则提交仲裁机构仲裁或甲方所在地法院诉讼解决。

十四、其他

14.1 本合同一式__份，甲乙双方各执__份，具有同等法律效力。

14.2 本合同自甲乙双方签字盖章后生效（以下签章）。

甲方（盖章）：　　　　　　　乙方（盖章）：
授权代表（签字）：　　　　　授权代表（签字）：
签字日期：　　　　　　　　　签字日期：

授权资源清单

名称	形式 （文字、图片、音视频及其他数据格式文件）	存储介质 （光盘、移动硬盘、网盘等）	数量 （张、件、份等）

博物馆馆藏资源著作权、商标权和品牌授权合同

(委托授权范例)

甲方(委托人):博物馆　　　　乙方(受托人):
法定代表人:　　　　　　　　　法定代表人:
联系人:　　　　　　　　　　　联系人:
联系电话:　　　　　　　　　　联系电话:
联系地址:　　　　　　　　　　联系地址:

甲乙双方在平等、自愿、诚实、信用的原则下,经友好协商,根据《中华人民共和国合同法》《中华人民共和国商标法》《中华人民共和国著作权法》等法律法规及国家有关规定,就甲方委托乙方开展甲方馆藏资源著作权、商标权和品牌授权相关事宜,订立合同如下。

一、委托事项

1.1 甲方委托乙方代理甲方著作权、商标权和品牌(具体名称、类型、数量见附表)的授权工作。

1.2 因授权工作需要,甲方委托乙方利用自身技术手段和设备对有关馆藏资源进行数字化,数字化后的馆藏资源产权归甲方所有。

1.3 甲方委托乙方开展上述馆藏资源著作权、商标权和品牌的授权业务,其授权用途包括以下方式:

□图书、报纸、期刊出版;

□网站及自媒体内容创作与传播;

□远程课程制作;

□影视、动漫、游戏及视频开发;

☐馆藏资源仿真复制品开发；

☐文化创意产品及其他衍生品的设计与开发；

☐其他 。

1.4 甲方将所委托授权的馆藏资源通过下述方式送达乙方：

☐电子邮件

☐光盘

☐移动硬盘

☐其他

二、委托性质

本合同的委托性质为：

☐独家代理，甲方不得委托任何第三方开展上述馆藏资源的著作权授权业务。

☐非独家代理，甲方可自行开展上述馆藏资源著作权、商标权和品牌授权业务，或委托乙方之外的第三方开展上述馆藏资源著作权、商标权和品牌授权业务。

三、委托范围与期限

3.1 甲方委托乙方在☐中国大陆☐中国香港☐中国台湾☐中国澳门☐其他国家和地区开展授权业务。乙方不得在本合同约定地域范围之外开展授权业务。

3.2 本合同期限自__年__月__日起，至__年__月__日止。合同期到期后，乙方应当立即停止甲方馆藏资源著作权、商标权和品牌的授权代理工作。

四、委托费用

4.1 乙方通过以下方式向甲方支付授权委托费用：

☐固定费用，总额为__元（大写：_____），第一笔费用__元（大写：_____）于__年__月__日前支付，第二笔费用__元（大写：_____）于__年__月__日前支付。

☐保底金＋授权收入分成，保底金__元（大写：____）

于__年__月__日前支付，授权收入分成比例为__%，于□每季度/□每年度最后一个工作日之前支付。

□授权开发收入分成，授权收入分成比例为__%，于□每季度/□每年度最后一个工作日之前支付。

4.2 乙方将上述费用以人民币形式汇至甲方银行账户：

账户名称：

账号：

开户行：

4.3 若乙方迟延付款，每迟延超过一个月，甲方将按所迟延付款额1.5%的比例收取滞纳金，且按月累加计算滞纳金。如果迟延付款时间未超过一个月，仍按照一个月的标准来计算迟延支付的滞纳金。

五、甲方责任

5.1 甲方承诺并保证拥有本合同所涉著作权或其他合法权利，不存在侵害第三方的产权或其他合法权利的情形。

5.2 甲方按法律及内部规章制度规定，在保证文物安全的前提下，为乙方提供必要的支持。

5.3 甲方为乙方的授权工作，提供本合同所涉馆藏资源，以及与所涉馆藏资源相关的资料。

六、乙方责任

6.1 乙方应妥善保管好甲方所提供的馆藏资源，不得复制或转交第三方，并在本合同到期后自动删除甲方提供的馆藏资源著作权、商标权和品牌信息。

6.2 乙方应在委托范围内开展本合同所涉馆藏资源著作权、商标权和品牌的授权业务。

6.3 乙方在开展本合同所涉馆藏资源著作权、商标权和品牌的授权业务中，应严格审查权利使用方的资质，并监督权利使用方对权利的使用过程，确保权利使用合法合规，不损害社会公共利益。

七、保密约定

合同签订方在授权期限之内及之后三年内，对本合同内容及在履行本合同过程中获知的对方未披露的经营数据、信息、情况进行保密。但该规定不适用于已公开的信息和资料，或根据法院判决或适用法律、法规或规则之规定要求披露的信息。

八、违约责任

8.1 如果因乙方存在违反本合同的违约行为，给甲方或其员工造成损失（包括但不限于遭受索赔、被判令赔偿、误工损失、律师费用、诉讼成本支出等），乙方应予以全部承担。

8.2 如果甲方存在违反本合同的违约行为，给乙方或其员工造成损失（包括但不限于遭受索赔、被判令赔偿、误工损失、律师费用、诉讼成本支出等），甲方应予以全部承担。

九、合同终止

任何一方因法令或其它不可抗力因素不能履行本合同约定的义务，且该情况持续 3 个月或以上时，任何一方有权在该情况持续期间内提出终止合同。已产生的相关费用双方协商解决。

十、争议解决

因本合同订立和履行所发生的任何争议，双方通过协商友好解决；协商不成的，则提交仲裁机构仲裁或甲方所在地法院诉讼解决。

十一、其他

11.1 本合同一式__份，甲乙双方各执__份，具有同等法律效力。

11.2 本合同自甲乙双方签字盖章后生效（以下签章）。

甲方（盖章）： 乙方（盖章）：

授权代表（签字）： 授权代表（签字）：

签字日期： 签字日期：

委托授权资源清单

名称	载体形式 （文字、图片、音视频及其他数据格式文件等）	存储介质 （光盘、移动硬盘、网盘等）	数量 （张、件、份等）

附录 4

博物馆文创运营管理单位合作意向征集公告
（示例）

_____博物馆简介

我馆目前的文创运营管理单位将于__年__月合作到期，结合相关实践经验，为进一步推动_____博物馆文创高质量、可持续发展，现面向社会公开征集__年__月至__年__月期限内的_____博物馆文创运营管理意向合作单位。具体情况说明如下：

一、项目名称

_____博物馆文创运营管理项目

二、项目地点

_____

三、报名资格条件（示例）

（一）符合《中华人民共和国政府采购法》第二十二条资格条件：

1.具有独立承担民事责任的能力；

2.具有良好的商业信誉和健全的财务会计制度；

3.具有履行合同所必需的设备和专业技术能力；

4.有依法缴纳税收和社会保障资金的良好记录；

5.参加本次征集活动前5年内，在经营活动中没有重大违法记录。未被列入政府采购失信名单供应商暂停名单、未在采购失信名单禁入处罚期内、未被"信用中国"网站列入失信被执行人、重大税收违法案件当事人；

6.法律、行政法规规定的其他条件。

（二）成立时间不少于5年，且为非外资（含港澳台）独资或外资控股企业。

（三）具有在中国境内为博物馆、纪念馆、科技馆、美术馆、图书馆等场馆或综合类旅游景区运营文化创意项目5年以上经验，5年内单个项目年累计销售收入超过800万元。

（四）具有文化创意产品研发规划、相关授权资源建设、品牌授权管理、线上线下销售渠道运营、宣传推广策划等完成项目所必备的专业能力。

（五）具有稳定的设计研发、市场运营管理专业团队（不少于10人），团队成员均须具有3年以上相关从业经历，团队负责人须具有3年以上相关项目管理经验。

（六）企业法定代表人为同一人或者存在直接控股、管理关系的不同企业，不得同时参加此次报名。生产型企业生产场地为同一地址的，销售型企业之间股东有关联的，一律视为有直接控股、管理关系。报名单位之间有上述关系的，应主动声明，否则将给予列入不良记录名单、3年内不得参加采购活动的处罚。

（七）本项目不允许转包、分包，不接受联合体投标。

四、报名时间、地点、方式

1. 成功递交上述"报名资格条件"相关材料即为报名。

2. 截止时间：

递交方式：密封后指定专人递交或邮寄（报名文件需密封并加盖公章，通过邮寄提交报名文件的单位请在快递密封袋备注项目名称）。在截止时间后送达的文件为无效文件，应当拒收。

3. 联系方式：

地点：

邮政编码：

联系人：

五、后续工作安排

我馆将对成功报名的单位进行资格审查和实地考察，根据审查结果和考察情况确定入围最终综合评审环节的名单。入围名单在_____博物馆官网公示（5个工作日）后，组织现场勘察、项目介绍和综合评审，具体时间及要求以收到的书面通知为准。

六、重要声明

1. 参与单位须完全遵守国家相关法律法规，做到廉洁自律、遵守职业操守、规范从业行为，杜绝腐败问题发生。如出现损害国家和馆方正当权益的行为，博物馆将依法追究相应责任。

2. 参与单位须就合作事项交流的数据或信息等严格保密，未经_____博物馆书面同意，不得公开披露或以其他方式向第三方透露。

3.参与单位响应本次合作意向征集，即被视为接纳本公告所有条件。

_____博物馆

年　月　日

后 记

回顾十余年的博物馆文创工作生涯，我参加过的博物馆文创培训班也有十余次了，培训内容或是聚焦宏观文化创意产业，或是介绍某博物馆的具体文创实践案例，而手把手教博物馆文创管理者如何开展文创产品运营的培训少之又少，能告诉他们如何解读文创政策，如何结合他们的博物馆实情选择好适合他们的文创运营实践，也极度缺乏！作为一名本科阶段求学于艺术设计学院，硕士期间从事文创产业研究，并在文博行业从事十余年的工作者，我觉得有责任将自己从业以来对博物馆文创的调研、思考进行总结。为那些刚开始从事博物馆文创工作的朋友提供一点启发，将是非常有意义的事情。

当前图书市场上聚焦博物馆文创产品研究的著作，作者绝大多数都是来自高校等科研机构，其研究方向多为产品设计领域，然而博物馆文创产品的项目运营，除产品设计外，还需要了解博物馆文创政策、运行机制、营销推广等多方面，熟悉这一领域的博物馆从业者往往注重业务实践而忽视总结，从而造成了出版领域内系统阐述文创产品政策、机制、设计、营销等全运营业务流程的图书近乎缺失。另外，博物馆文创产品运营管理者多不具备文创产业、艺术设计、市场营销等专业教育背景，且管理人员多为从其他文博工作轮岗而来，面对既要满足政策合规要求并匹配相应运行模式，又要搞懂产品设计研发的规律，努力打造

"爆款"产品的工作要求，显得无从下手。近十几年来，我调研了数十家国内博物馆的文创实践，由于各博物馆的行政级别、职能定位、资源禀赋、外部政策等均不相同，硬搬照抄行业内已取得成功的博物馆文创运行模式走不通。我希望能结合自己的从业经历，出版一本博物馆文创项目运营的业务指导书，既能讲清楚目前博物馆文创政策的外部环境、发展趋势，又能掰开揉碎地讲述不同运营模式的利弊关系，让博物馆文创政策制定者、文博机构管理者、文创企业经营者、文创产品设计者、文创产品爱好者读完后都能有所收获。这是我出版《博物馆文创产品项目运营指南》一书的初衷，也是最高目标。

由于博物馆文创产品项目运营工作涉及多学科，为了本书的结构更为严谨合理，撰写过程中难免会面临一些自己知识储备的空白点，如有不足之处，望博物馆文创领域的专家学者批评指正。为了写好这本书，我查阅了大量资料，学习过程本身也让自己受益匪浅，为自己更系统、更全面地认识理解博物馆文创产品，为更好地开展今后的文创产品项目运营管理工作打下坚实基础。

最后，感谢硕士求学期间的多位授业恩师，学术导师文化和旅游部文化和旅游研究基地首席专家、中国文化产业协会副会长、北京京和文旅发展研究院院长范周先生，实践导师原文化部首任文化产业司司长、文化和旅游部恭王府管理中心原党委书记王永章先生，以及国家文物局原局长、原文化部文化产业司司长刘玉珠先生，中央宣传部原文化体制改革和发展办公室副主任、一级巡视员高书生先生，北京市委宣传部原一级巡视员、原北京市文化创意产业促进中心主任梅松先生，引领我开启文化产业领域的学术研究；感谢中国人民抗日战争纪念馆党委书记、馆长罗存康先生，党委副书记董立新先生，副馆长赵建军先生及其他相关领导，指导我从事博物馆文创产品项目运营实践与研究；感谢北京市文物局副局长白杰先生、首都博物馆副馆长吴明先生、河南博物院副院长史自强先生等中国博物馆协会文创产品专委会的老领导及亲如兄弟姐妹的专委会同人，带领我开拓博物馆文创产品项目运营实践的眼界；感谢文化和旅游部资源开发司乡村旅游和创意产品指导处处长张晓莉女士、游洋洋先生以及国家文物局博物馆与社会文物司博物馆处副处长熊伟先生，鼓励我开展此次文创产品项目运营管理研究。此外，还对上述未曾提及却给予我极大帮助的师长、领导、同事、朋友致以衷心的感谢。

王业鑫

写于北京市朝阳区

2025年3月